一本书读懂

投资理财学

个人投资理财全攻略

罗颉斯◎著

Read a book learnig in

INVESTMENT AND FINANCING

中国国际广播出版社

图书在版编目（CIP）数据

一本书读懂投资理财学 / 罗颉斯著. -- 北京：
中国国际广播出版社, 2017.1
ISBN 978-7-5078-3924-1

Ⅰ. ①一… Ⅱ. ①罗… Ⅲ. ①投资－基本知识 Ⅳ. ①F830.59

中国版本图书馆CIP数据核字(2016)第272498号

一本书读懂投资理财学

著　　者　罗颉斯
责任编辑　郭广
版式设计　华阅时代
责任校对　徐秀英

出版发行　中国国际广播出版社［010-83139469　010-83139489（传真）］
社　　址　北京市西城区天宁寺前街2号北院A座一层
　　　　　邮编：100055
网　　址　www.chirp.com.cn
经　　销　新华书店
印　　刷　北京毅峰迅捷印刷有限公司

开　　本　710×1000　1/16
字　　数　180千字
印　　张　16
版　　次　2017年3月　北京第一版
印　　次　2017年3月　第一次印刷
定　　价　36.80元

中国国际广播出版社　欢迎关注本社新浪官方微博　官方网站 www.chirp.cn

序 言

奔向财务自由

社会发展到如今这般华丽多元，投资理财已经不是什么新鲜事，但是并不见得你真的懂得投资理财的真谛。不信的话，你是否能告诉我，个人投资理财的最大目的是什么？

实际上，答案很简单，就是为了实现个人的财务自由。那么什么是“财务自由”？又该如何正确理解它？有人说，财务自由就是有钱想怎么花就怎么花，没人管束。显然，这样的理解是肤浅的，缺乏深度，准确一点说是失之偏颇，不正确。那么，什么才是真正的财务自由？简单解释，财务自由就是拥有持续的“不在职”的现金收入，即当不再工作的时候也有源源不断的现金收入，而且这些“不在职”的现金收入丰厚到足以保证你过上高品质的生活。

从这个角度来看，有钱并不代表一定实现了财务自由，举个简单的例子，人需要水，而你拥有一个水池，尽管水池里面有很多水，但不代表你永远有水喝，拥有一口能打出水的水井才算真正有了源源不断的水源。可见，实现财务自由就如同拥有了那口可以永远都能打出水的水井，好比拥有了一根点石成金的金手指。

实现财务自由的好处是显而易见的，欧洲第一理财教练博多·舍费尔在他的著作《财务自由之路》的封面写下：“我们追求财务自由不是因为崇拜金钱，而是因为不愿意做金钱的奴隶；不是为了享受奢华，而是为了让自己和家人获得舒适而有尊严的生活。”这段话凝练地概括了个人追求财务自由的目的和意义，是为了做金钱的主人，而不被金钱所奴役；是为了过上舒适而有尊严的生活，而不被穷困和窘迫穷追猛打。

财务自由的前景，想想都很美好、很诱人，如同徜徉在一片开阔的自由之地，但要想拥有它，前提是要到达那里，那么如何才能到达这个美好之地呢？在目前这个多元化的社会背景下，在互联网技术、互联网金融迅猛发展的格局下，想要到达那个开阔的自由之地并不是很难，至少不再那么遥不可及，对个人来讲，学会现代投资理财即有机会实现这个愿望，而且这个机会是非常大的，若方法适当，自然天堑变通途，成功会触手可及。

适宜的投资理财可以让钱生钱，更为重要的是会让这种钱生钱的链条永不间断，从而使财务自由的实现不再可望不可即，而会变成活生生的现实。学会资产配置应是现代人的基本技能，无论是房产、储蓄、基金、股票、外汇、金融衍生品、黄金、收藏还是当下最流行的互联网金融，一切可以滋生收益的合法工具都可以被用来投入到资本再生产，利用复利和时间累积的强大威力实现初始资产几倍乃至几十倍上百倍的增长，最后实现财务上的自由。

由于每个人的理财目标、经济状况、风险承受能力、时间精力、性格特质、理财知识和经验是有所差异的，这就造成了个人对理财产品的选择差异。这是十分正常的事。投资理财学是一门社会科学，有它的内在规律和特点，投资者需要认真研究其规律特点，再结合自己的实际情况做出理财决策。

虽然投资理财不会让我们大多数人一夜暴富，让我们过上随心所欲的生活，但至少会帮助我们抵消掉大部分生存压力，同时可以帮助实现大部分可行的生活理想，所以，投资理财是我们势在必行的选择。

总之，一个人如果能够真正地让自己的财富的作用尽可能的发挥出来，真正地学会让钱生钱，那么就是在逐步走向财务自由！

目录

一本书读懂

投资理财学

个人投资理财全攻略

第一章　脑袋决定钱袋

——投资理财先从“理脑”开始

理财专家告诉我们，理财的最佳态势并不是拥有高超的金融投资技巧，而是拥有正确的理财观念，并且持之以恒，若干年后，人人都可以成为百万富翁。内因决定外因，外面的钱袋之所以瘪，是因为内在的思想不够“潮”。

Read a book learnig in

INVESTMENT AND FINANCING

抛掉“人穷是命”的迂腐观念

有这样一个故事：

有一位神仙指责财神嫌贫爱富，光给富人送财而不给穷人送，使天下的富人越来越富，而穷人越来越穷。

财神很委屈：“不能怪我，这都是命！人各有命，有的人生来就是穷命，你送给他财富他都不要。”那位神仙不相信财神的话，说财神在狡辩。财神说：“既然你不相信，咱们做个试验看一看。”

说话间，正好有两个穷人从前方向这边走来。财神把两个明晃晃的金元宝放在两个穷人必经的小桥中间。那两个人刚走到桥头，一个穷人对另一个说：“你别看这桥很窄，我闭眼就能走过去。”另一个穷人说：“那咱俩比一比，你能闭眼过去，我也能闭眼过去。”于是两个人约定好，都闭着眼过桥，谁也不准睁眼。

走到桥中间时，前面那个穷人的脚碰到了一个金元宝，他埋怨了一句谁还把一块石头放在桥中间后，用脚踢开了金元宝。财神把另一个金元宝移到后面那个人的脚前，那个人碰到后，说道：“我也踩到了一块石头。”然后也是一脚踢开。

那位为穷人打抱不平的神仙看着这一切轻轻叹了口气，摇了摇头。

这个故事自然是虚构的，宣传了一种“生死有命，富贵在天”的宿命论思想，但在现实生活中，秉持类似迂腐观念的人还真的大有人在，我们不是经常听到有人说：“唉！有什么办法呢？我就是这样的人，这就是我的命。”殊不知，正是这样的迂腐观念束缚了他们的脚步，让他们屈从于命运的安排，安于现状，不思进取，营营苟且。

事实上，很多穷人之所以一生穷困潦倒，最主要的原因就是迂腐的宿命论思想“阻止”了他们的致富行动，让他们甘于在贫穷的泥潭中生活。在他们看来，“人穷是命”乃命中注定，不可更改。这种情况下，“骑马坐轿修来福，推车担担命该然”自然成为了他们人生中持之不移的座右铭。这样的想法把他们牢牢系在贫穷的铁柱上。

作家陈剑平在《富穷对话录》中写下这样一句话：“人，生而贫穷并无过错，死而贫穷才是遗憾。”道理很明显，人无法选择自己的出身，但这不可以成为你放弃努力的理由，更不应成为你甘于平庸、甘愿受穷的挡箭牌。事实上，人是完全可以通过努力把握自己人生命运趋向的。人的命运绝不是生而注定的，生于贫寒之家，不代表就一定要与清贫为伴，历史上出身贫寒，最后通过自身努力成为富甲一方的人大有人在，关键是要看自己有没有想改变命运的想法以及为这个改变做出了多少努力。

西奥多·帕克是美国近代史上很有名的一个人物，他出身贫寒，父亲是一名优秀的木匠。由于没有钱，从8岁起，小帕克便没有正式上学，经常与父亲一起干农活。虽然没能在学校受到教育，帕克却一直在坚持自学。家里没钱买书，他就想方设法自己赚钱买书，或借小伙伴的书抓紧时间读……

八月的一天午后，帕克与父亲一起在地里做农活，突然说：“爸爸，我想明天参加哈佛大学一年一度的新生入学考试。”父亲知道儿子虽然没能进学校读书，却一直在自学，而且非常用心，梦想有一天能考入一所名牌大学。他很佩服也非常支持儿子的做法，所以痛快答应了儿子的要求。

第二天，帕克起得很早，风尘仆仆地走了10英里路，赶到了哈佛学院。在考场上，帕克从容自如地做完所有试题，第一个把试卷交了上去。考试成绩很快下来了，帕克发展自己榜上有名，非常高兴。那天回家，帕克把好消息告诉了父亲。

“我的孩子，你真是好样的！”父亲兴奋地夸奖道，“可是，我没有钱供你到哈佛读书啊！”帕克懂事地说：“爸爸，您不用担心。我不会搬到学校去住，只要利用家里的空闲时间来自学就够了。只要通过考试，我就能拿到一张学位证书。那样，什么都好办了！”

两年后，帕克成功地做到了这一点，顺利地取得了哈佛学位证书。多年以后，这个穷苦的孩子成了美国一代风云人物，先后成为废奴运动倡导者、社会改革家，国务卿、首席大法官等人的密友与事业顾问，对整个美国产生了深远的影响。

正如上面所说，人的出身是无法选择的，但是我们不能让起点决定我们的终点，出身决定我们的命运，一定要有改变命运的强烈愿望，然后化想法为动力，努力坚持前进，可能最终你不管如何努力，付出多少，也成不了西奥多·帕克，但是努力下去，你一定会成为不再“一直贫穷”的自己。

思想是行动的先导，一些出身清贫的人之所以能够走上富裕的道路，固然少不了勤奋好学的态度和持之以恒的意志力，但更加不可或缺的是改变贫穷命运的想法。如果把自己的贫穷当作命运使然，从而对富有望而却步，那么，一生注定不会有大的出息，只能与穷苦、自卑为伍。因此，要想挣脱贫穷的枷锁，首先就要更新一下自己的头脑，把“人穷是命”的迂腐思想扔进垃圾桶。只有清除了头脑中那些迂腐落后的思想，才能坚定信念，勇往直前。

“世界上一切的财富和一切的成功都始于一个人观念的转变。”这是成功学大师拿破仑·希尔的一句名言。观念上的转变带来的是行动上的变化，而不同的行动自然会导致不同的结果。财富无根，只要内心充满“向钱看”的强烈愿望，化愿望为无穷动力，辅之以积极向前的行动，就定会让财富向自己转移，进而改变自己的命运。

“吃饱”靠工资，“吃好”靠投资

不知道你考虑过这个问题没有，现代社会为什么没钱的人多，有钱的人少？很重要的一个原因是靠工资积累财富的人数量庞大，通常情况下，创造财富的途径有两种主要模式，第一种是打工，目前靠打工获取工薪的人占90%左右；第二种是投资，占总人数的10%左右。

现实生活中，绝大多数工薪族依靠勤勤恳恳的工作，换取有限的薪资报酬。他们平时省吃俭用，吃便宜食物，穿廉价衣服，从不敢放纵自己恣意享受生活，即使这样，他们掌控的财富还是少得可怜。相比之下，有些人生活得却很滋润，吃得好，穿得好，玩得开心，更为重要的是，即使他们这样“挥霍”，恣意享受生活，他们手里的财富依然要比前者多出很多。

原因何在？抛开一些特殊原因外，造成两者巨大差别的主要原因是后者进行了适合自己的投资。投资和不投资缘何有如此大的差别？事实上，财富和人一样，你给它的爱惜越多，越充分利用它，它给你的报答越多。即使只是一点小小的回报，一点一滴聚集起来，也可以成为一笔可观的收入。

正所谓“你不理财，财不理你”，要想获得更多的财富，就要学会驾驭金钱的能力。在积累财富方面，投资和不投资差距是非常明显的，对大多数人来说，有效的投资是决定其财富水平高低的关键，两者呈正比例关系。比起投资来，打工能够积累下来的财富是非常有限的，假如你想拥有100万的财富，年薪10万的话，即使你分文不花，要积攒10年；年薪20万的话，同样一分不花，也需要积攒5年。而如果进行有效的投资，这一时间可大大缩短。

杰克·韦尔奇是通用电气前总裁，号称“打工皇帝”，年薪超过了千万美元，赫然站在了打工者的前列。工作多年，韦尔奇拥有超过4亿美元的身价，可谓不少。再来看看“投资第一人”沃伦·巴菲特，多年前，巴菲特投入1.5万美元创建伯克希尔·哈撒韦投资公司，后来通过全球性多样化的投资，公司获得了极大发展，巴菲特也由此成为世界上最有钱的富翁之一，拥有约440亿美元的身价。

4亿美元与440亿美元的差距让我们看见了投资与不投资的巨大差别，当真是一个在天上，一个地下。可见，贫富的关键在于进行有效的投资。巴菲特曾这样断言：一生能积累多少财富，不取决于你能赚到多少钱，而取决于你如何投资理财。持类似观点的人不止巴菲特一人，亚洲首富李嘉诚也主张：20岁以前，所有的钱都是靠双手勤劳换来的，20岁至30岁之间是努力赚钱和存钱的时候，30岁以后，投资理财的重要性要逐渐提高上来。他总结出这样一句名言：“30岁以前人要靠体力、智力赚钱，30岁之后要靠钱赚钱。”

事实也证明，钱找钱要胜过人找钱，要懂得让钱为自己工作，而不是让自己为钱工作。靠工资永远不可能让自己富起来，致富的关键在于如何开源，试问一下，世界上有谁是靠把辛辛苦苦挣来的工资存进银行来获得利息而成为富翁的呢？恐怕找不出那么一两个来。只有通过有效的投资，让钱找钱，钱追钱，钱生钱，这样才能较快地积累起可观的财富。

犹太人是公认的世界上最出色的商人，他们很少把钱放进银行吃利息，而往往投资到实业中去，或者放贷出去，这种做法看似冒险，但往往回报丰厚，要不然他们也成不了令人称道的出色商人。

据调查，美国家庭的收入一半来自工资，一半来自投资，投资理财在美国人的生活中扮演着极为重要的角色，而在我国，仅仅有2%的收入来自投资所得，其他98%的收入主要还是靠工资，比例严重失调。即使是这样，很多人还是缺乏严重的投资理财的意识，不去学习掌握投资理财的知识，从而失去了改善自己生活的很多良好机会。

障碍依然存在，虽然有效的投资可以快速积攒起财富，但正像上面所说，投资需要一定的特质和条件，而打工所要求的条件相对较低，因此绝大多数人还是选择了打工而不是投资创业来获取一定的报酬。

实际上，投资并不像人们想象那样难，它是我们每一个人都可为、都能为的事，关键是要有投资的意识和胆略。投资固然有风险，但世界上哪件事没有任何风险呢？胜利从来都属于那些敢于冒险、善于冒险的人，如果我们望而却步，徘徊不前，自然止步于财富面前。只有勇敢参与进来，才有机会让自己成为有钱人。

“人生就像滚雪球，最重要的是发现很湿的雪和长长的坡。”这是巴菲特的一句名言。可以把“湿雪”理解为在合适的环境中投入能不断滚动增长的资金；“长坡”理解为能让资金有足够的时间滚大变强的企业。

这句话强调了人生一定要重视投资、善于投资，只要两者兼备了，投资就是有效的投资，人生的雪球自然越滚越大，财富的积累自然也就成了水到渠成的事了。

洞悉赚取财富的三个境界

起点不同，方向不同，往往取得的成就也不同。赚取财富也遵循这样的规律。一位长期研究创业和公司发展的学者总结了赚取财富的三个境界，这三个境界分别是：人找钱阶段；钱找人阶段；钱找钱阶段。

（1）人找钱阶段。

这个阶段也可以称作是靠时间、靠体力赚钱阶段，它最劳累、最辛苦，压力最大。可以说踏踏实实工作，老老实实攒钱，努力赚钱养家，生活节俭，几乎不参与任何铺张浪费的活动。生活的核心就是干活赚钱，只要能赚到钱，就拼命干，玩命干，而很少去考虑身体是否能承受。

人找钱是创业基础的阶段，也是需要坚持的阶段，虽然辛苦免不了，但是只要坚持下来，还是能够赚到一些钱的，这样就完成了原始资金的积累。生活中，大部分人处于人找钱阶段。处于这个阶段，人辛苦不说，自由也很受限制，普通打工一族都在此范畴内。

（2）钱找人阶段。

这个阶段也可以称作是靠信誉赚钱的阶段。它是建立在第一个阶段基础之上的。在第一个阶段，通过努力工作，获得了一定的信誉，积累了一定数量的固定客户，然后自然而然就有老客户“找上门”来照顾其生意。

这个阶段赚钱的速度会比原来要快，而且相对轻松。但这个阶段也不是由第一阶段一跃而达到的，也是经过第一层阶段和第二层阶段的往复循环，才最终达到的。有一部分人和绝大部分中小企业都处于这个阶段，他们从第一阶段跨越第二个阶段，需要在这个阶段进一步夯实基础，壮大自身，然后才能继续做大做强，向更高层级迈进。否则就会如“逆水行舟，不进则退”。

（3）钱找钱阶段。

这个阶段也可以称作是钱生钱阶段。它是在有极大资金积累的情况下，用剩余资金或运作资金换取金钱的阶段。到了这一境界，赚钱的方式可以说发生了质的突变。前两个赚钱方式，都是要靠时间、精力去换取金钱，是“人追钱”。但在这个阶段，却变成了“钱追钱”，达到了“让钱为我们工作”的赚钱阶段。

要想让钱生钱，就要让钱“走出去”，而不要“窝在口袋”里，设法让它们进入投资领域，利用投资去为你换回更多的钱，而不要让它们进入消费领域。消费领域只会让钱变少，而不会变多。

另外，要想保证钱生钱稳定，就要努力追求收益稳定。有这样一个简单的例子能够说明这个问题，假设将1万块钱投资到收益大但风险也大的投资领域，第一年获取50%的高收益，但第二年亏损了40%，第三年再获利30%，第四年又亏损25%，第五年收益35%，第六年亏损30%。从表面来看，这六年，每隔两年都有一个5%以上的正收益，但到了第六年末，计算一下，会发现不但没有投资收益，反而亏损了17%。

因此，要想使钱生钱见到效益，就一定要追求稳定的收益。平稳的收益率与长期持有相结合产生的效果将是出乎预料的，会积累起巨大财富。

这三个赚取财富的阶段，各有各的特点，也各有侧重。人处在哪个阶段，都有苦有甜，要正确对待每个阶段，充分挖掘每个阶段的特点，然后根据自己的实际情况选择利用。

投资理财，不仅仅是有钱人的事

提到投资理财，人们常常存在这样的误区，认为投资理财是有钱人的事，与没钱的人关系不大，这种看法是不对的，实际上，越是经济拮据的人，对风险的抵御能力越差，对改善生活的要求越迫切，便越是需要投资理财，以改变窘境。

这里有必要解读一下理财的概念和阐明投资理财的目的，理财是依据个人（家庭）的财务或非财务状况，运用科学方法管理财务，最终实现个人终身的财务安全和自由。从这个概念上可以看出，投资理财的目的绝不仅仅是赚多少钱那样简单，而是为了实现财务上的自由，具体来说，投资理财有两大目的：

（1）保证正常生活。

保证正常生活是投资理财最基本的目的。讲到这里，可能很多人会有疑惑：如果我连最基本的生活都无法保证，那又如何来投资理财呢？

可能眼前是如此，可是能保证以后也是如此吗？即使你能保证你以后也能做到像眼前这样，但是你又如何能保证所有的变化都在你意料之中呢？要知道，有些变化不是我们所能掌控的。防患于未然始终是我们生活的一个核心。

保证正常生活，不但要保证衣食无忧，还要保证生活质量，1万块钱有1万块钱的花法，2000块钱有2000块钱的花法，生活质量显然是不同的。从这个角度来讲，也有必要进行投资理财。

（2）实现全面财务自由。

财务自由是指无需为生活开销而努力为钱工作的状态。要达到这样的状况，你的资产产生的被动收入必须至少要等于或超过你的日常开支，这样才能让自己拥有“自由之身”。

就目前来说，实现财务自由无非赚钱、存钱、理财、投资、保险五部曲，其中投资理财是当前最受认可的实现财务自由的途径。一项调查表明，未来的投资理财需求将呈现爆炸式增长，财富管理大有可为，学会资产配置理应成为现代人的一项基本技能。

投资理财一是为了保证正常生活，二是为了实现全面的财务自由。而且，后者是建立在前者基础之上的，是更高的要求。无论出于哪一种目的，投资理财都不应该仅仅是有钱人的事。

正如上面所讲，穷人更需要理财，因为穷人抵御风险的能力更低，假如一个身价10万的人摊上了事，造成财产损失，很可能会立即出现财务危机，影响到最基本的生活保障，但一个身价千万，甚至上亿的人，即使摊上了事，哪怕财产损失过半，也不会影响到他们原有的生活方式，这就是穷人更需要理财的直接反映。

在我们身边，不乏这样的人存在：只将精力放在喊穷上，不是抱怨物价太高，涨薪赶不上物价涨幅，就是自怨自弃，抱怨自己没有出生在富贵之家，甚至抱怨国家没有提供好的福利待遇，此外，他们还瞧不起投资理财，往往将投资理财的行为称为追逐铜臭的世俗之事。

实际上，这些观念产生的根源在于对金钱和投资理财缺乏正确的认知。俗话所说的“钱不是万能的，没有钱却是万万不行的”，在现实社会，有钱才更有尊严，才能做更多的事，才能更好地为自己和家人负责。投资理财是改善生活的必要措施和选择，也是个人价值的一个重要体现，与追逐铜臭风马牛不相及。

对于一个普通家庭来说，顺利的学业、美满的婚姻、幸福的小日子，悠闲的晚年，是人生的目标。在实现这些生活目标的时候，金钱扮演着不可或缺的角色。成功的投资理财可以增加收入，减少不必要的支出，使之享有宽裕的经济能力，改善个人或家庭的生活水平，所以，普通家庭有必要进行投资理财。

事实证明，越是善于投资理财的人，生活越是丰裕轻松，即使不能实现随心所欲地生活，但通过理财获得的收益可以抵消掉大部分生存压力，同时也可以帮助自己实现大部分可行的生活理想。

博多·舍费尔在《财务自由之路》封面写下：“我们追求财务自由不是因为崇拜金钱，而是因为不愿意做金钱的奴隶；不是为了享受奢华，而是为了让自己和家人获得舒适而有尊严的生活。”正是出于这个目的，我们每个人都应该将投资理财视为我们生活的一部分，视为改善我们生活，让我们的生活更有保证、更美好的必要途径。

理财不要傻等，早参与早受益

投资理财理应成为现代生活的一部分，而且是愈早开始愈好。常听周围的人说：“我还年轻，谈理财还为时尚早”，或者说：“等我有了钱再去想理财的事”，持这种观点的人实际上是不懂得理财目标和理财规划的。

理财的目标是追求个人终身财务的安全和自由，理财的规划为理财的目的而设定，所以它必须为这个中心服务。从理财目标可以看出，理财应该是一个长期的过程，要贯穿人的一生，而不是只限定在人生的某个阶段，理财规划要体现出这个特点来，即要体现出理财的长期性。

那么，理财到底从何时开始为好呢？实际上，具体的理财时间是没有限定的，也就是说不是非要从某个一定的时间才能开始，而是随时都可以开始，而且是越早越好。在国外，许多小孩从入学起就开始接受理财方面的学习和培训，因此从小就具有很强的理财意识。“股神”巴菲特从六七岁开始送报赚钱，10岁起开始投资股票，时至今日成为投资界的大佬，人人仰望的传奇人物。

我们都知道，投资理财需要启动资金，启动资金多少并不重要，但一定要有。对于大多数人来说，启动资金来自于钱财的日常积攒，积攒到了一定数额，就可以开始投资理财了。积攒越早开始，理财也就有条件尽早进行，所以，理财规划越早做越好。

理财是一个学习的过程，年轻时学习能力强，接受新鲜事物容易而且快，这个时候理财，主要是学习方法和技能，而且，年轻时投入理财的钱财相对较少，即使亏损了，影响也不大。随着理财时间的增加，必然会获得较多的理财经验，再去理财能更加得心应手，往往可以通过经验来避免或者降低亏损的风险，从这个意义上讲，理财也不要等，应该尽早开始为好。

理财要成为一种习惯，一种自动自发的习惯，不要一提到理财就烦，就说：“我无财可理”，很多年轻人大学毕业，刚踏入社会谋得一份工作，工资不高而开销不低，往往成为“月光一族”，似乎真的“无财可理”，事实上，却并非如此。正像上面所说，理财需要的资本多少并不重要，重要的是要有理财的意识以及要尽早加入到理财的行列。

理财不要等有钱了再说，事实上，越是没钱的人越要强化自己的理财观念，越是要尽早理财，一定不要让“没钱”耽误了你的“钱程”，理财需要的钱正如海绵里的水，只要愿意挤，总会有的。

小张，大学毕业，参加工作一年，每月工资5000元；小杨，大专毕业，工作一年，每月工资3800。两人生活在同一城市，均是单身，均住单位宿舍，除去一些基本花销外，两人偶尔和朋友、同事一起聚会或者出去游玩。

一年后，两人的存款情况是：小张银行卡上只有最后一个月工资，也就是5000元，而小杨银行卡上则存有3.2万元。

单纯从收入情况来看，小张应该比小杨剩余更多的钱，更有理财的条件，可事实却让人大跌眼镜，问题出在哪里呢？原来，问题出在两人的理财观念上。小张虽然收入高一些，但是他不懂得节约，花钱大手大脚，理财观念淡薄，总认为自己的微薄工资除去花销所剩无几，离理财的要求相去甚远，把理财的计划一直往后退。

小杨虽然收入比小张低些，但是他懂得量入为出，平时不该花销的地方坚决捂紧口袋，把积攒下来的钱存进银行，这样日积月累，聚沙成塔，积攒下一笔可观的收入。

对大多数工薪阶层而言，理财之路可以先从储蓄开始，然后随着经验的丰富和资本的增加，再根据自己的实际情况作多元化的投资理财，最终让自己踏上理财的快车道。在储蓄阶段，无论自己的收入多少，在没有特殊情况下，每月都要将收入的10%存入银行，而且保持“不动用”、“只进不出”的原则，这样就会为理财打下一个良好的初级基础。

总之，理财不要等，不要拖，不要靠，要尽早开始，早加入，早收益。在慢慢摸索、实践的过程中，不断提高自己的理财能力，争取让自己的财务自由早一天到来。

投资理财要学会“细水长流”

世上很多事都要有耐心才能开展得好，俗话“心急吃不了热豆腐”说的也是这个道理，投资理财亦要遵循这个做事原则。理财者一定要有充足的耐心，有计划地分配自己的资金，不能急躁地把全部资金都用于投资，也不能贪图高回报而盲目投资风险高的理财产品，而要学会“细水长流”，这样才能使财富源源不断，越积越多。

A君每月工资4500元，月初按时发放。有一套自住房，没有房贷压力。支出方面，每个月基本生活费1000元左右；一份商业保险1200元，每月结余2000元左右。他把结余的钱分成两部分，一部分放在银行存定期，另一部分用来买了两只债券基金，预期年收益率5%左右。

多年以后，A君在银行存款已达二十多万，而且还购置了一辆新车，并打算再过几年换一套大一点的房子居住。

理财不同于赌博，绝不能期望一夜暴富，一战成名，而要细水长流，通过建立财务安全体系，聚沙成塔，积少成多，逐步实现人生各阶段的目标和理想。

哈罗德是个有理想的犹太青年，他最初经营着一个小型餐饮店，可是当他看到麦当劳餐厅里面人潮如水涌的场景时，内心立即产生了想开麦当劳的强烈冲动。

他马上行动，找到当地麦当劳总部的负责人，请求对方允许自己也开一家麦当劳餐厅。麦当劳总部负责人告诉哈罗德，加盟麦当劳需要交纳200万美元的加盟资金才可以。可是哈罗德却没有这笔加盟资金，而且相差甚远。但是哈罗德没有放弃，他决定每个月都强制自己存1000美元。每月月初，哈罗德都把自己赚取的钱存入银行，为了防止自己花掉手里的钱，他总是先把1000美元存入银行，再考虑自己的经营费用和日常生活的开销。这个计划，他整整坚持了6年。

由于他总是在每月的同一个时间去存钱，所以银行里面的人都渐渐知道了他的事情，都非常佩服他的坚持精神。六年下来，哈罗德积攒下来7.2万美元，距200万美元依然相去甚远。哈罗德又去找麦当劳总部的负责人，诚恳地向对方讲述自己的困难，请求对方允许他代理一家麦当劳餐厅。

麦当劳总部的负责人被哈罗德的执着精神所打动，为了验证哈罗德所说的话是否属实，他亲自来到银行打听哈罗德的情况。被问到的银行工作人员无一例外地告诉这位负责人，哈罗德做事有多坚持："哈罗德真是有坚持精神的人，每个月的1号，不管刮风下雨，还是寒冬酷暑，都一定会准时来这里存入1000美元，没有一次例外。"

麦当劳的这位负责人放下心来，他毅然决定把麦当劳的代理权交给哈罗德。就这样，哈罗德依靠自己的坚韧精神取得了事业的敲门砖，之后，他一步一个脚印，兢兢业业经营麦当劳餐厅，最终成为一代巨富。

理财就要有哈罗德一样的坚持精神，一步一个脚印，踏踏实实走好每一步，不要急于求成，不要抱一夜暴富的不切实际的期望，否则可能不但不会有收益，还往往会适得其反。

坚持投资理财长期化，是由投资理财本身的特点决定的，绝大多数投资理财项目都是中长期规划，需要很长一段时间才能显现效益，如果急功近利，那么必然半途而废，这是不可避免的，要认识清楚。

理财长期化有现实的好处，一是可以让闲钱带来收益，另外，可以有效抵御风险，比如抵御通货膨胀的风险。如果你不能很好地坚持理财长期化，你就可能永远不会让自己的资产倍增。那么投资理财怎么样才能做到细水长流呢？不妨参考下面几个做法：

（1）多积攒投入资金。

有钱才有资本，所以平时要努力工作，提高收入。八小时之外可以做点兼职，增加收入。收入多了，在支出不变的情况下，自然可利用的资本就增多了。这就是所谓的“开源节流”。

在有本金的基础上可以利用一些投资工具来钱生钱，安全起见，可以选择一些低风险的投资，比如高额储蓄、债券、基金、P2P网贷，这些投资省心、省力，收益稳定，属于稳健性投资。

（2）坚持收入和支出账目明细。

坚持每天记账。每月列出的计划账单，清楚记载着收入和支出情况，这有助于控制消费，每个月可以根据各方面的花费做出分析，了解哪些支出是必需的，哪些支出是可有可无的，是可以节省下来的，从而调整支出的分配比例，把钱用在该花的地方。不要有“今朝有酒今朝醉”的想法，否则就容易尝到“没有远虑，必有近忧”的苦果。

（3）把投资理财当习惯。

储蓄是理财一种，也是投资理财的资本，没有一定的储蓄，就无法进行其他的投资理财，所以一定的储蓄是必不可少的，要把储蓄当成一种习惯，当成现代生活的一部分。对待其他投资理财形式也要如此，即也要把它们当成自己生活中必不可少的一部分。

投资理财犹如求知，是一条漫漫长路，需要有耐心，需要有坚持不懈的精神，不要持三分热度，三天打鱼两天晒网，要坚持稳定有效地进行，财富自然会越来越多。

淡定入市，远离“疯狂投资”

在投资理财中，无论是对于刚进入的新手，还是有着丰富经验的老手，投资理财规划的制定是不可少的。实际上，很多事情都要有所规划才能使事情开展得有条不紊，正所谓“凡事预则立，不预则废。”投资理财是一项贯穿一生的超级“工程”，自然少不了要对其精雕细琢地规划一番。

从投资理财的目的出发，投资理财的规划要包含下列两方面的内容：

（1）要安排好当前的生活。

这是投资理财的前提条件和基础。没有安排好当前的生活，就贸然去投资，势必会导致投资半途而废，流产夭折，造成重大损失。所以，要将目前的资产做一个合理的安排和配置，保证家庭正常生活，让自己和家人能够有一个安心舒适的生活环境，进而再去考虑投资理财。

（2）为未来生活做好安排。

投资理财的主要目的是为了让未来的生活更有保障，不用再为金钱而工作，早日实现财务自由，所以要尽力做好这方面的财务规划。

投资规划要受多方面的影响，所以要多花费些时间去进行调查、研究、分析，要尽可能做到客观公正，把各种影响因素都要考虑进去。在此过程中，要有耐心，保持冷静，不可意气用事，更不要带有赌博的心态，尽力避免投资失误带来不必要的浪费和损失。

通常情况下，制定科学的投资规划，需要把握下面四个要点：

（1）要有计划性。

投资避免盲目是投资的基本要求，盲目的投资多半会导致“损兵折将”的结果，因此，在制定投资规划前，要有明确的指导方针，而且应对投资所涉及的一些具体情况作深入的调查了解，以便使计划更具有科学性和实施性，比如对投资环境、预期收益、可调配的资金额度等的调查和研究。

(2) 要有严格的资金使用流程。

严格资金使用流程，有助于在使用资金时充分考虑资金的实际情况，增强投资风险意识，一定程度上有助于降低投资风险，提高使用收益。通常情况下，资金使用流程应遵循规范、安全、高效、透明的原则，严格遵照此原则使用，就可避免或者大大减低投资风险，提高使用效益。

(3) 要保证不时之需。

在做投资理财规划时，不但要着眼于未来，还要兼顾到当前。即在有突发情况需要钱时，要有钱可以调用。如果没有做到未雨绸缪，那么就容易让自己陷入被动局面。所以，投资理财要为日常生活留出充足的费用，以备不时之需。

(4) 要远离“疯狂投资”。

在投资中，“疯狂投资”是很忌讳的，很容易让人血本无归，甚至倾家荡产。要知道，投资不是赌博，需要理智。如果投资失去了应有的理智，变成了“疯狂投资”，就像一个输红了眼的赌徒，不顾一切孤注一掷，其下场多半是可悲的。所以，投资一定要保持理智。

总之，投资规划影响甚大，直接关系到投资的成败，因此，一定要慎重对待，做好制定之前的调查和研究工作，为计划和策略的制定提供详实准确的信息。另外，要摆正心态，杜绝带有强烈的投机心理，科学决策，尽可能做到规划科学、完善，万无一失。

资产配置，既要“量”又要“放”

在投资理财中，资产配置是非常重要的。很多人认为与其说理财是投资，不如说理财是配置，可见，资产配置在投资理财中的重要地位，事实上，资产配置确实非常重要，是投资中的重中之重，是个人理财规划的关键所在，被称作投资理财的精髓。

人在不同的生命周期和不同时期，对财富会有不同的要求，这就要求我们在规划理财投资的时候，把资产科学、合理地配置到不同的理财渠道及产品上进行投资理财，这样，才可能使财富不断满足各个时期的要求。

那么，什么是资产配置呢？资产配置，简单说，就是要把钱放在对的地方。把钱放在对的地方，包含三个层面的意思：第一个层面的意思是对的资产比例；第二个是放在对的市场；第三个则是在对的时机投入资金。只有这三个方面正确了，才算完美的资产配置。

有一种稳扎稳打的资产配置方案，被称为“4321”法则，具体分配是：收入的40%用于供房及其他相关方面的投资；30%用于家庭生活开支；20%用于银行存款以备不时之需；10%用来购买保险。这个资产配置方案相对保守，安全性高，适用范围很广。当然，资产配置方案是多元化的，不同类型的人有不同的资产配置方法，具体情况具体分析，不能一概而论。

资产配置很有讲究，技巧性很强，受到很多方面的影响。这种情况下，只能在保持慎重对待的基础上，多调查，多研究，综合分析，审时度势，择优而行。比如对于资产不十分宽裕者，不要太过于把资金分散，因为配置的种类多了，交易成本也会随之上升，这样一来，资产效率就会大打折扣。

再比如，2004年投资买房，2006年卖掉房子买股票，2007年卖掉股票，2008年年底再买房或股票，这样资产就可以翻一番。如果顺序变成：2004年买股票，2006年卖掉股票买房，2007年底卖房买股票，2008年年底再买股票，那么就会血本无归，这是投入的时机导致的。

可见，资产配置的效果既取决于“数量”配比上，也与投放的时机紧密相关，不管哪一方面处理不妥当，都会直接影响到投资的效果，甚至导致投资的失败。

虽然资产配置有很多讲究，但要做好也不是无章可循，若要合理配置资产，可遵循以下三个原则：

（1）安全性。

保证一定的安全性是投资理财的第一要务和原则，是保证各项目标任务实现的基础。对个人投资者来说，没有一定的安全性，在很大程度上，投资理财就失去了诱惑。所以，资产配置要在保证资产一定安全性的前提下进行。

（2）流动性。

在进行资产配置时，要做到既保证现在又兼顾未来，以防出现紧急情况时措手不及，这也就是要求资产要保持一定的流动性。这种情况下，现金以及容易变现的资产配置要保持在一个合适的比例，教育、住房、养老要尽早规划，另外，保险也是个人一项必不可少的投资理财方式。

（3）收益性。

投资理财的目的是为了获得财务自由，说得俗些，是为了赚钱，即获得收益，让以后的生活更加有保障。这种情况下，在资产配置中，要坚持高风险理财产品与低风险理财产品相结合的原则，坚决避免为了追求高收益而置风险于不顾的资产配置方式。

在资产配置上，投机大师科斯托兰尼说过这样一句意味深长的话：“有钱的人，可以投机；钱少的人，不可以投机；根本没钱的人，必须投机。”细细琢磨一下，感觉这句话颇有道理，大多数人都属于“钱少”的人，资产比上不足比下有余，这种情况下，投资理财需要谨慎，不可像赌徒一样，孤注一掷，将全部身家都压上，而要多多利用资产配置的技巧，让资产持续、稳定地增长。

投资有陷阱，“进入”需谨慎

1996年，著名经济学家盛祛非说了一句让投资者警醒的话，这句话就是现在很多人都熟知的：“股市有风险，入市需谨慎”。这句话意在告诫投资者要重视投资中存在的诸多风险，并力争学会规避这些风险。

什么是投资风险？简单来说看， 投资风险是指在投资中可能会遭受收益损失甚至本金损失的风险。每个投资者都应该将盛祛非的这句话铭记在心，因为，严格来说，每项投资都是有一定风险的，它不像探囊取物那样简单，而更像火中取栗，风险是一定存在的，稍有不慎就会被“灼伤”。

在投资领域，通常情况下，收益越高，风险愈大，两者呈正比例关系。很多投资者，特别是非专业投资者，往往只关注收益率的高低，而忽视了产品中蕴藏的风险因素，盲目投资，殊不知，这种做法是很危险的。

产品中的风险往往具有很强的隐蔽性和欺骗性，缺乏相关金融知识的人往往不容易发现风险点，或者容易被迷惑，这也是造成很多投资者损失的一个重要原因。另外，一些金融机构在介绍理财产品时，往往将产品的前景描绘得很好，而将风险点掩藏起来，这就更加剧了迷惑性，让投资者不知不觉中上了当。

2008年年底，纳斯达克前主席伯纳德·麦道夫因涉嫌设下投资骗局而被捕。这个投资骗局涉及款项高达500亿美元，堪称惊天骗局。其影响迅速超出美国本土，波及世界，很多大银行、大企业以及个人投资者都成为了这个惊天大骗局的受害者。

很多个人投资者是把自己一辈子辛辛苦苦挣来的血汗钱或者全部养老钱投了进去，本希望赚个盆满钵满，谁想到却掉进了投资陷阱，弄得血本无归，处境凄凉，真是想死的心都有了。

实际上，麦道夫的这个骗局并不高明，采用的是“庞氏骗局”的手法，即用新投资者的钱支付之前投资者的高额利息，理论上只要有投资者不断加入，骗局就可以继续进行下去而不被发现。但是由于金融危机爆发，很多客户大批支取现金，致使这个骗局最终曝光。

实际上，这个骗局只是投资陷阱的冰山一角，毫不夸张地说，投资陷阱无处不在，形形色色，大大小小，迷惑性极强，所以投资一定要慎之又慎。

设下投资骗局者抓住了人们贪便宜和风险意识低的性格特点，大肆宣扬产品“低风险高收益”，甚至“零风险高收益”来激起投资者投资的欲望，为了套牢投资者，他们甚至在投资初期给对方一些“甜头”吃，使其继续投资，总之，诱骗者抛出种种“诱饵”，全力打造出让你挣到大钱的气势，诱骗你往坑里跳。

世上没有免费的午餐，也没有天上掉馅饼的好事，所以在遇到类似“零风险高收益”的完美投资时，一定要引起注意，多留个心眼儿，要多方考察产品的可靠性，而不要被贪欲迷了心窍，盲目投资，到头来不但没吃到免费的“馅饼”，还“赔了夫人又折兵”，那样的话结局就惨了。

对个人投资者来说，既不能因噎废食，不去投资，也不能马虎大意，盲目加入进去，正确的做法是要提高抵御投资风险的意识，采取多种手段，将风险降到最低，可参考下面的做法进行：

（1）分散投资。

鸡蛋不能全放在一个篮子里，这是投资的一项基本原则，这个做法可有效抵御非系统性风险。哪怕是再优秀的企业，都有风险的基因，所以一定不要百分之一百相信某个企业的产品。把所有的鸡蛋都放在一个篮子里的做法是不妥当的，是一种赌徒行为。

（2）择优投资。

在提高风险意识的基础上，选择性价比高的项目投资，这就是所谓的“择优投资”。如果你投资了一个优势项目，它能带你的财富一直增长。相反，你选择了一个劣势的产品，你的资金就被套住了，至于什么时候能解套，是无法做出准确预测的。成功的投资不是买好的，而是买的好。只有买得好，才能有效降低风险。

（3）顺势投资。

投资要懂得顺应趋势而为，这样不但可以将自己的收益最大化，而且还能将损失最小化。趋势的力量源于投资者对市场的信心，只要投资者有信心了，自然加入的人就多了，产品也就火了起来。实际上，这是在利用人们的心理而采取的投资行为。作为投资者，一定要懂得深度分析投资市场，用投资心理去揣摩市场，只有这样，才会见微知著，发现投资良机。

总之，在投资之前，一定要有抵御投资风险的意识，不要急于、盲目投资，而要慎重考察一番，包括对自己的抵御风险能力的考察，对要投资产品的考察，一定要做必要的调查研究，收集必要的资料，作为决策的依据。对那些把握不大的投资，要慎之又慎，如确实信心不大，放弃为上策。

一本书读懂
投资理财学
个人投资理财全攻略

第二章　不打没准备的仗

——投资理财要知道些金融知识

投资理财是一门金融学课程，涉及许多金融知识，因此了解相关金融行业知识十分有必要，可以让自己的投资理财更有方向性，操作起来心里更有底，更加得心应手。

Read a book learnig in
INVESTMENT AND
FINANCING

需要玩味的7个金融术语

1.复利

复利是指一笔存款在经过一个计息期后，将所生利息加入本金，再开始计算新一轮利息的方法。这样，在每一个计息期，上一个计息期的利息都将成为生息的本金，即以利生利，也就是我们俗称的“利滚利”。

复利的计算公式是：S=P（1+i）n，这里的P指的是本金，i指的是利率，n指的是时间。举个例子：某人存1万元，按年收益率10%计算，第一年末这个人将获得本息合计1.1万元。把这1.1万元继续按10%的收益投放，第二年末这个人的收益是1.1×1.1=1.21万元；如此类推，第三年末收益是1.21×1.1=1.331……

如果年收益率为20%，复利计算，三年半以后，一万元存款会变成两万元。如果本金是10万元，三年半后本息合计就是20万元……

与复利相对应的就是单利。不像复利“利滚利”的算法，单利只根据本金算利，没有“利滚利”的过程。单利的计算公式是：S=P（1+in）。一般人容易忽视这两种计算收益的方式，实际上，两者导致的结果悬殊，比如存款1万元，每年的利率是20%，按照复利计算，50年后这个人的收益为9100万元；若是按照单利计算，50年后这个人的收益只为11万元，相差巨大。

由此可见，复利具有洪荒之力！这也就是爱因斯坦之所以称“复利”为世界第八大奇迹的原因所在。但是，要想利用复利赚取巨额财富也是有条件的，条件有三：（1）足够多的本金；（2）好的投资渠道；

(3) 足够的耐心和信心。这三个条件是保证通过复利赚取可观收益的必要条件。

在复利模式下，一项投资所坚持的时间越长，带来的回报也就越高，这是显而易见的，正如沃伦·巴菲特所认为的：长期持有竞争优势的企业的股票，将给价值投资者带来巨大的财富，其关键就在于投资者未兑现的企业股票收益通过复利产生的巨大的长期增值。

2.汇率

汇率亦称“外汇行市”或“汇价”，是一国货币兑换另一国货币的比率，是以一种货币表示另一种货币的价格。汇率的产生是因为世界各国使用不同的货币，名称不同，币值不一，所以一国货币对其他国家的货币要规定一个兑换率，这个兑换率就是汇率。

作为一种交换比率，汇率反映的是不同国家货币之间的价值对比关系，因而体现着一种十分复杂的经济关系。这种关系反映在汇率的智能上，表现为汇率构成国际交往的纽带，在国际商品交换的货币流通中，执行着折算、表价和价格转换等职能。

汇率与投资理财有什么关系呢？一句话，汇率波动影响投资理财。2015年12月1日国际货币基金组织批准人民币进入了SDR（特别取款权，即“纸黄金”），也就是说，从2015年10月1日起，人民币被认定为可自由使用货币，这样，今后，国际上再有“风吹草动”，就会通过汇率渠道对我国普通居民投资理财产生影响，所以投资者需要密切关注汇率的波动情况，要根据波动情况，即使调配资产，以确保收益。

3.净值

股票术语，又称“账面价值”，是股票价值的一种。通过公司的财务报表计算而得，是股东权益的会计反映，或者说是股票所对应的公司当年自有资金价值。

净值的计算公式是：

股票净值总额=公司资本金+法定公积金+资本公积金+特别公积金+累积盈余－累积亏损

每股净值=净值总额/发行股份总数

股票净值与股票真值、市值关系紧密。股票净值可作为估算股票真值的主要依据，如某股票净值高，则表示该公司财务状况好，股东享有的权益多，股票的升值潜力大，真值一定较高，市值也会上升；反之，情况会恰恰相反。

股票净值相对于股票真值和市值，要更为确切可靠，因为净值是根据现有的财务报表计算的，所依据的数据具体、确切，有较高的可信度。净值还能明确反映出公司历年经营的累积成果。此外，净值还相对固定，通常情况下，只有在年终盈余入账或公司增资时才会有变化。可见，股票净值的真实性、准确性和稳定性很高，对个人投资者来说，可将其列入自己投资分析的主要参数。

4.仓位

仓位是一个投资术语，是指投资人实际投资和实有投资资金的比例。比如某人拿10万元投资，现用了6万元买基金或股票，那么他的仓位就是60%。假如全买了基金或股票，就表示满仓了。如全部赎回基金或卖出股票，就表示空仓了。

炒股能力的高低的一个重要体现就是看能否根据市场的变化来控制自己的仓位，投资高手多善于通过仓位控制风险。如果仓位控制的好，就能够及时根据实际情况配置资产，跟上变化，如果不会控制仓位，就像打仗没有后备部队一样，跟不上变化，会很被动。

通常，在市场波动较大的时候，应该持半仓或者更低的仓位。这样，如果市场大跌，持有的期货跌到了很低的价位，可以买进来，等它涨的时候，再把原来的卖掉，就可以赚一个差价。一般情况下，平时仓位应保持半仓状态，便于可进可退。但是投资市场变幻莫测，很多时候并不容易一下子看清，所以，还是要多研究一下股票的走势，认真分析实际情况，最后综合各种情况做出判断。

5.洗盘

股市用语，是指庄家于途中让低价买进、意志不坚的散户抛出股票的行为。洗盘动作可以出现在庄家任何一个区域内。

庄家洗盘的主要目的有二：一是通过洗盘让那些获小利就走者和容易动摇不坚定者退出，让看好后市者有机会进场买进。由于后者入场成本高，不会轻易抛掉，这就减轻了日后拉抬股价时获利盘回吐的压力。二是通过洗盘可进一步摊低庄家持股成本，同时也可抽出资金用于下一步拉抬。

许多投资者在买进某种股票以后，信心不足，常致杀低求售，被庄家洗盘洗掉。事后看着股价一直涨上去，懊悔不已。因此，炒股的人一定要熟知庄家的洗盘技巧。

通常情况下，庄家的洗盘手法有下面5种：

（1）打压洗盘。先行拉高之后实施反手打压，但一般在低位停留时间不会过久。打压洗盘手法的要诀在于“快”、“狠”，采用时间较短，而洗盘的效果较好。

（2）震荡洗盘。这种洗盘手法也较为常见，方法是维系一个波动区间，让投资者摸不清庄家的炒作节奏。

（3）边拉边洗。在拉高的过程中伴随回档，将不坚定者震出。

（4）横盘整理。这种洗盘方法是所有洗盘方法里耗时最长的一种。方法是在拉升的过程中突然停止做多，使缺乏耐心者出局。

（5）大幅回落。在大势调整时，庄家或主力会顺势而为，趁机低吸廉价筹码。投机股经常运用这种洗盘手法。

6.跳空

跳空是指股价受利多或利空影响后，出现较大幅度上下跳动的现象。通常情况下，跳空在股价大变动的开始或结束前出现，向上跳空表明涨势强劲，向下跳空则表明跌势惊人，因此，跳空是判断趋势的有力依据。很多人认为“跳空”迟早会填补的，这并非是正确无误的，需要从图形上区别对待。

一般情况下，通俗性跳空对猜测趋向没有太大的参考意义。打破性跳空显示其真正的打破起头了，所以“跳空口”越上，未来的波动越激烈。耗损性跳空（即衰歇跳空），往往预示了在随后的市场将呈现转折。跳空呈现之后，而且当被填补之时，就是趋向将衰歇之日，这个时候应采取积极措施避免损失。

7.涨停板、跌停板

为了防止证券市场上价格暴涨暴跌，避免引起过分投机现象，在公开竞争时，证券交易所依法对证券所当天市场价格的涨跌幅度予以适当的限制。涨停板就是证券交易所对证券交易当天股价的最高限度。跌停板就是对股价的最低限度。简单地说，就是要求当天的市场价格涨或跌到了一定限度就不得再有涨跌了。

在涨跌停板交易制度下，以涨停板最有力，但是，有些时候，在相对高位或在大盘不好盘整震荡时，主力也有可能在涨停板时出货（股价在高位时，不动声色地卖出），所以要注意捕捉有用信息，多种形式综合分析，不易一概而论。

涨停板对股票成交量的变化也有一定的影响。股市中出现涨停板的情况使成交量减少并不意味着顺势操作的人在减少，却意味着操作的人在增加，对此要有清醒认识。

如何计算投资回报率：我到底赚了多少钱

简单说，投资回报率就是指通过投资而应返回的价值。投资回报率是每一个投资者都应该学会如何去恰当运用的决策工具。当不知道是不是要做一件事情，或者说当不知道做某件事“合算”不合算时，计算它的投资回报率，将有助于你做出这项决定。

一般情况下，投资回报率越高的项目其风险也往往越大。无论是什么投资项目，蕴含其中的风险因素都包括时间与不确定的流动性。从时间因素来看，一项投资所需要的时间越长，它的回报率就会越高，而项目中所蕴含的风险也就会越大。对投资者来讲，自然希望使用较高的利率来使这种有可能会面临的风险得到补偿。这就涉及到了如何计算投资回报率的问题。

预估和计算投资回报，通常有两种计算方式，一种是报酬额，就是以绝对数额表示的金额；一种是回报率，就是用相对值表示的比率报酬数额/本金数额。那么，是应该采用百分比计算还是用实际金额计算？到底哪一种方式更能反映资金的使用效用？

为什么非要在两者间做出一个选择？这是因为用这两种方式评估出来的结果是不同的，有时甚至截然相反。举个例子来说，假如有两个投资方案，A方案投资1万元，一年后预计可获得1000元的收益，回报率是10%，B方案投资5万元，一年后预计可获得2000元收益，回报率为4%。假定两者的投资风险一样，那么，你会选择A方案，还是B方案？

从绝对额上看，B方案显然优于A方案（2000元的收益是1000元收益的两倍）；而从相对值上看，A方案又显然优于B方案（10%高于4%），这样就产生了“矛盾”。

实际上，两者看似矛盾，却是不矛盾的，要具体情况具体分析。可分两种情况：一种情况是如果两个方案是独立的，互相之间不排斥，可以优先选择A方案，因为A方案的10%回报率要远高于B方案4%的回报率。第二种情况是如果两个方案相互排斥，只能任选其一的话，那么应该选择B方案，原因在于计算回报率的时候，已经把资金成本考虑了进去。

这不难理解，简单来说，如果你有充裕的投资资金，自然要选择回报率较高的投资；但如果你投资资金不充裕，只够先进行一种投资，那么选择绝对额较高的投资可以更充分地发挥资金本身的增值作用。

需要清楚的是，这一选择方式实际上是有一定不足的，因为在事先已经将投资风险假定成了一样，而且对报酬进行计算时也是以净值而非总值来确定回报率的。

为数众多的人在进行投资的时候都会认为投资过程中获得回报是非常容易看见预期的，觉得实在没有必要费心去想是否需要计算和如何计算投资回报率。另外，还有一种现象让投资者对计算投资回报率失去“兴趣”，这就是计算投资回报率的方法一直以来没有得到业界一致的认可，计算的结果往往会令很多人对原本极有信心的项目望而生畏，所以很多投资者有意或无意在淡化投资回报率的计算。

实际上，这种想法以及做法是不对的。如果在进行理财投资时，不重视、不懂得如何去正确地计算投资回报率，就会使得整个投资过程带有一定的盲目性，而如果在进行投资之前对投资回报率进行研究，并采用一种科学的计算方法，则可以使投资的过程显得更加有目的性，从而有助于破除迷茫，打破阻碍，直线前进。

投资需要了解些税负知识

税收是绝大多数国家最主要的一种财政收入形式，对于国家经济生活和社会文明的建设发展有着重要作用。对个人来讲，向国家交纳赋税是应尽的义务。对投资者而言，如果有投资行为发生，就要依照相关规定缴纳一定的税金。所以，投资前，有必要了解我们国家在投资方面的税务制度和税务规定。

普通投资者的投资形式可分为两种，一种是证券投资，另一种是实业投资。证券投资涉及的税务知识并不多，如股票投资国家只征收印花税，其他税种暂时免征。实业投资涉及的税收比较多，所以要多做了解。

在我国，就目前而言，个人可选择的实业投资方式有：作为个体工商户成立私营企业、组建合伙企业、个人独资企业。在其他因素相同的情况下，投资者需要缴纳的个人所得税是决定投资与否的关键因素，下面对这些投资形式投资者所要缴纳的个人所得税进行解读。

（1）个体工商户的税负。

按照相关规定，在我国，个体工商户的生产经营所得和个人对企事业单位的承包经营、承租经营所得，适用最低5%，最高35%的五级超额累进税率。

公式：应纳税额=（全年收入总额−成本、费用以及误失）×适用税率−速算扣除数

举个例子，比如，某个体工商户年经营收入60万元，营业成本45万元，其他可扣除费用、流转税金2万元，其应缴纳税额=（600000−450000−20000）×35%−6750（个人所得税速算扣除数）=38750（元）。税后收入为130000−38750=91250（元）。

（2）私营企业税负。

在我国，目前私营企业一般是指有限责任公司，即由两个以上股东共同出资成立公司，其中，每个股东以其认缴的出资额对公司承担有限的责任，公司以其全部资产对其债务承担责任。

作为投资者的个人股东以其出资额占企业实收资本的比例获取相应的股权收入。作为企业法人，企业的利润应缴纳企业所得税。而当投资者从企业分得股利时，要按照股息、红利所得缴纳20%的个人所得税。这样，实际上，投资者取得的股利所得就承担了双重税负。

另外，由于单个投资者享有的权益只是企业全部权益的一部分，其承担的责任也只占企业全部责任的一部分，所以，企业缴纳的所得税税负个人投资者也应按出资比例承担。

举例说明，个人投资者占私营企业出资额的40%，企业税前收入为15万元，企业所得税税率为25%，应缴纳的企业所得税为150000×25%=37500（元）。税后所得为150000−37500=112500（元）。个人投资者按照出资额可从企业分得股利为112500×40%=45000（元）。按20%的税率缴纳个人所得税45000×20%=9000（元），税后收入为45000−9000=36000（元），实际税率为（37500×40%+9000）÷（150000×40%）×100%=40%

（3）合伙企业税负。

合伙企业是指是指由各合伙人订立合伙协议，共同出资，共同经营，共享有收益，共担风险，并对企业债务承担无限连带责任的营利性组织。在我国，合伙企业一般无法人资格，不缴纳所得税，各合伙人的投资所得比照个体工商户的生产、经营所得征收个人所得税。合伙企业都有两个或者两个以上的合伙人，而每个合伙人仅就其获得的收益缴纳个人所得税。

举例来说，某合伙企业有5个合伙人，各合伙人的出资比例均为20%。某年度该合伙企业生产经营所得为50万元，这样每个合伙人应缴纳的个人所得税为500000×20%×35%−6750（个人所得税速算扣除数）

=28250（元），税后收入为100000−28250=71750（元），合伙企业每个合伙人的实际税负为28250÷100000×100%=28.25%。

（4）个人独资企业税负。

我国税法规定，从2000年1月1日起，对个人独资企业停止征收企业所得税，个人独资企业投资者的投资所得比照个体工商户的生产、经营所得征收个人所得税。这样个人独资企业投资者所承担的税负因年应纳税所得额及适用税率的不同而有所不同。

举例来说，年应纳税所得额为7万元，适用税率为35%，应缴纳个人所得税为70000×35%−6750（个人所得税速算扣除数）=17750（元），实际税负为17750÷70000×100%=25.35%。

总体来看，在收入一致的情况下，个体工商户、个人独资企业、合伙企业的税负是一样的，私营企业的税负最重。但私营企业、个人独资企业、合伙企业是法人单位，在发票的申购、纳税人的认定方面具有一定的优势，经营的范围相对较广，比较容易开展业务，并且可以享受国家的一些税收优惠政策。

相对来讲，私营企业由于只承担有限责任，所以风险较小；个人独资企业和合伙企业要承担无限责任，所以风险较大。但是个人独资企业在生产、经营方面能够及时应对市场变化做出决策，而合伙企业在资金筹措方面占有优势，个人承担的风险也相对较少，所以个人投资者在制定投资计划时，要充分考虑各方面因素，选择最优投资方案。

对个人投资者而言，投资前了解必要的税务知识，进行合理的税务筹划以及合理避税，可以避免或者减少不必要的投资损失，争取以较小的支出获取较大的收益。

投资市场的“二八定律”：20%的人赚80%人的钱

“二八定律”又叫“二八法则”、巴莱多定律，它表明这样一个现象：在任何一组东西中，最重要的只占其中小部分，约为20%，其余80%虽然占了大部分，却是次要的。

诸多实践证明，这个定律是“放之四海而皆准”的，广泛适用于社会学、企业管理学及金融学等领域，如：20%的人买时间，80%的人卖时间；20%的人支配别人，80%的人受人支配；一个企业80%的利润来自它20%的项目……在投资理财市场，“二八定律” 赫然存在，20%的人手里掌握着80%的财富；20%的人赚钱，80%的人在赔钱。

日本有一位商人成功运用“二八定律”，在钻石生意上获得了巨大的成功。

众所周知，钻石是一种高级奢侈品，只有有钱人才会购买作为装饰品，一般收入的人是购买不起的。由于拥有巨大财富，居于高收入阶层的人数比一般收入者要少得多，因此，很多人都认为：消费者稀少，可投资的空间肯定不高。但是，这个日本商人却认为：少数人掌握着多数的财富，利润丰厚，可投资的空间巨大。

这个商人决定将想法付诸行动，他做好了前期的所有准备工作后，来到东京的S百货公司，要求租赁该公司的一席之地推销他的钻石。但是S百货公司却拒绝了他的要求，因为该公司领导者不相信这个商人的投资理论。

商人没有急躁，耐心沟通，最后终于说服了S公司的领导，取得了S公司M店的经营权。M店的位置有些偏，顾客不是很多。但是商人却没有过于担忧，他认为自己做的本就是少数人的生意，只要能抓住可以消费得起的客户，生意自然不愁。当时，S公司的人曾断言商人每月能做成2000万日元的交易，就算是奇迹了。但是商人却高调宣布自己每月可做成2亿日元的交易。

事实证明了这个自信商人的“豪言壮语”，他先是取得了日销6000万日元的业绩，然后没用多长时间，就突破了3亿日元的月销售额，用事实证明了自己当初的承诺。

这个日本商人的成功验证了投资市场的“二八定律”：20%的人手里掌握着80%的财富。同时，它也证明了投资要有自己的看法和判断，如果商人的看法与那些80%的人看法相同，他自然就不会获得成功，也自然不会列入到赚钱的20%的人的行列中。

“二八定律”告诉投资者下面这些知识：

（1）理财目标“二八定律”。

根据“二八定律”，20%中的理财关键目标决定了理财80%的收益结果，即80%的投资收益来自于20%的理财关键目标。所以，理财要分清主次，专注于20%的理财目标，并根据时间设置近期目标和远期目标，将关键目标和次要关键目标区分清楚，分级对待。

（2）投资决策“二八定律”。

根据“二八定律”，20%的投资理财决策将会对投资最终效果产生80%的影响力，所以，理财决策要抓关键、抓重点，而不要事无巨细地在一些微不足道的小事上花费过多的精力和时间。

（3）资产配置比例“二八定律”。

根据“二八定律”，可分为两个层面，第一个是在投资收益层面上，要将主要的投资资金分配到收益率高且稳健的理财产品上。第二个是在投资风险层面上，要将20%资金投资于风险性较高的理财产品；80%资金投资于低风险性产品。

了解这些原理后，对于一个理财产品，我们不仅要看到收益，还要看到产品后面的风险补偿。理财产品的收益率实际上等于无风险收益加上风险补偿。收益越高，代表了其发生信用危机的可能性就越大。

“二八定律”还告诉我们：

股市中有80%的投资者只想着怎么赚钱，仅有20%的投资者考虑到赔钱时的应变策略。但结果往往是只有那些20%投资者能长期盈利，而80%投资者却赔钱。与此相应的是，成功的投资者用80%时间学习研究，用20%时间实际操作，而失败的投资者用80%时间实盘操作，用20%时间后悔。

股价在80%的时间内处于量变状态，仅在20%的时间内处于质变状态。成功的投资者用20%时间参与股价质变的过程，用80%时间休息，而失败的投资者用80%时间参与股价量变的过程，用20%时间休息。其他投资领域也存在类似现象。

总之，要想成为“二八定律”中的“二”，投资者一定要养成投资前详细分析、冷静判断的习惯，要保持一个独立的想法和判断，不要人云亦云，随大流。不要平均地分析、处理问题，而要努力抓住关键的少数，这样才有可能让自己成为“二八定律”中的20%，才能在投资领域走得长远。

杠杆效应：运用财务杠杆增加投资收益

财务杠杆原理，通俗解释就是银行借款规模和利率水平确定后，其借贷者负担的利息水平也就固定了，这种情况下，企业盈利水平越高，扣除给银行的固定利息之后，投资者得到的回报也就愈多。相反，企业盈利水平越低，扣除给银行的固定利息后，股东得到的回报也就愈少。

举一个例子来说明一下杠杆原理的作用，假如你用70万元全款买了一套房子，在过去的三年里，房价平均每年上涨15%，也就是说现在这套房子市场价值105万元。如果将这套房子卖出，获得105万元现金，收益为35万元，扣除税费和其他费用，可获利30万元。这三年里房租回报率按5%计算，约有10万元左右。这样加在一起，这套房子获利40万元。三年的回报率约为60%，年回报率约为20%。这里面是用自己的钱全额投资，没有杠杆作用。

如果不是自己投入全款，而是从银行获得了70%的按揭贷款，自己首付21万元将这套房子买下。其他条件不变，三年内赚到了40万元，这样年回报率就达到了60%（三年银行利息不多，可忽略），这就是借用了杠杆的结果。

从这个例子可以看出，杠杆起到了四两拨千斤的作用，大大提升了自有资金的回报率，使收益率远远超过市场的平均收益率。

财务杠杆的作用常常用“倍”来表示，比如有100元，投资1000元的生意，这就是10倍的杠杆。如果投资10000元的生意，就是100倍的杠杆。外汇保证金交易就是充分地运用了杠杆原理，其杠杆从10倍、50倍到100倍、200倍、400倍的都有。最大可以使用400倍的杠杆，1万元可以当400万元使用，可见利用率有多高。

以买房子为例，如果买一套市价100万的房子，支付了20%的首付，那么就用了5倍的杠杆。假如房价增值10%的话，投资回报率就是50%。如果首付是10%的话，就用了10倍的杠杆。房价增值不变的话，投资回报率就是百分之一百，也就是一倍！可见，杠杆的作用十分大。

财务杠杆能够获得财务杠杆利益的根源在于当投资者全部资金利润率高于借入资金利息率，通过负债融资所创造的利润在支付利息费用之后还有剩余，这个余额可以并入到自有资金收益中去，从而提高自有资金收益率。

但是需要注意，杠杆的作用是双向的，它可以把回报放大，也同样可以把损失放大。如果首付20%买了市价100万的房子，假如房价跌了10%，那么就损失了50%；如果首付10%，跌幅同样是10%，那么损失就是一倍。也就是说同等风险下，杠杆比例越高，潜在损失越大。美国之所以发生次贷危机，其主要原因就是使用的杠杆的倍数过大。

在互联网金融大行其道下，银行借贷不是唯一可以获得资金杠杆的地方，期货公司保证金交易、证券公司融资融券、互联网金融公司P2P贷款都可以让我们获得资金杠杆。

在股票、房价疯涨的时候，投资者都希望把杠杆能用到100倍以上，这样才能一本万利，多多赚钱，赚大钱。而当股票、房价大跌的时候，杠杆的放大效应使投资者损失惨重，他们又希望消除杠杆效应，可是那是不可能的。

对于投资者来说，在使用财务杠杆之前一定要把握住一个核心，那就是成功与失败的概率有多大。如果赚钱的概率比较大，那么就可以使用很大的杠杆，这样赚钱快，而且利润高。相反，如果失败的概率大，那么就要慎重投资，即使投资的话，也不要使用高杠杆。

总之，并不是杠杆比例越高越好，在投资理财的过程中，投资者应根据风险比例来选择杠杆比率。

通货膨胀和通货紧缩对投资的影响

通货膨胀的定义为：在信用货币制度下，流通中的货币数量超过经济实际需要而引起的货币贬值和物价水平全面而持续的上涨。通货膨胀的现象类似于人们平时常说的“钱不值钱”了。

货币贬值通常包含三层含义：第一层含义是指单位货币的购买力下降，即本国货币对内贬值。第二层含义是指本国货币对外汇价的下降，即本国货币对外贬值。第三层含义是指单位货币所代表的金币价值量下降。货币的法定含金量下降，货币的购买力也会下降。

通货膨胀是长期的、广泛的，事实证明，世界上没有一个国家能够处在零通货膨胀状态，均存在程度不一的通货膨胀率，而且是长期存在。

通货膨胀是个极为复杂的经济现象，有多种类型，而不同类型的通货膨胀对人们的生活以及社会经济的影响也有所不同。通货膨胀有利有弊，但总体上看，弊大于利，所以主观上要抑制通货膨胀。

从宏观上讲，抑制通货膨胀主要是靠政府出台相关的经济政策和措施进行调控，如，上调存贷款利率，提高金融机构的存款准备金率，实行从紧的货币政策等等。对个人而言，要采取积极措施，以应对通货膨胀。一是要努力工作，多多赚钱，同时节约开支，以减轻通货膨胀的压力。二是可以通过各种投资理财来抵消通货膨胀对财产的侵蚀。

总体来看，通货膨胀会给投资带来一定的负面影响，投资大师巴菲特曾说：“通货膨胀是投资者最大的敌人。”通货膨胀会导致货币购买力下降，降低居民实际收入，进而使全社会的储蓄和资金积累下降，这必然会降低投资者对生产、经营的投资，同时，会导致人们蜂拥抢购那些能够保值增值的实物资产，如黄金、外汇、珠宝、房产等，而这势必会冲击正常的经济活动。

通常情况下，通货膨胀给股票投资的影响是双重的，有些企业会因为通货膨胀迫使提价而导致销售额下降。有的企业可能会因为通货膨胀而保持存货或其他资产价格上涨。因此，某类股票价格有伴随通货膨胀上涨的趋势，也有些股票价格反而会下降。

债券以及其他债务工具受通货膨胀影响， 往往呈现出自己的通货膨胀动态。在此大背景下，固定利息的债券或贷款提供者存在一定的风险，因为利息收益可能会因为通货膨胀而降低。

由于房产和贵金属的供应量有限，价格会在货币贬值时上涨，具有保值增值的特质，因此得到了投资者的青睐。但正如上面所说，投资者蜂拥加入投资这些产品的行列，必然会冲击正常的经济活动，从而引发一些负面影响。

通货紧缩是与通货膨胀相对应的一种经济现象，所谓的通货紧缩是指在经济相对萎缩时期，物价总水平较长时间内持续下降，货币不断升值的经济现象。同通货膨胀一样，通货紧缩也会对经济发展造成严重影响，可加速经济衰退，导致社会财富缩水，分配负面效应显现，还可能导致银行形成大量不良资产，甚至可使银行倒闭。

对投资产生的影响，需要看通货紧缩的程度。一般来说，适度的通货紧缩，通过加剧市场竞争，有助于调整经济结构和挤去经济中的“泡沫”，也会促进企业加强技术投入和技术创新，改进产品和服务质量，对产品发展表现出积极性的一面。

但是过度的通货紧缩，将会导致物价总水平长时间、大范围下降，金融市场上的资金供应趋紧，货币流通速度减慢，市场销售不振，强化投资者“买涨不买落”心理，使其“惜投”“惜购”，致使大量的资金闲置，简而言之，通货紧缩会降低投资者的投资热情和积极性。

总之，无论是通货膨胀，还是通货紧缩，都属于货币领域中的一种病态，对投资理财有非常大的影响，客观上加大了投资者的投资风险，进而抑制了投资者的投资热情和积极性。对普通投资者来说，安全起见，可配置些稳妥的银行理财产品，以及购买有升值空间的房产和贵金属，以应对通货膨胀和通货紧缩。

一本书读懂
投资理财学
个人投资理财全攻略

第三章 与时俱进的储蓄之道

——互联网金融下的储蓄新模式

百度公司的创始人、董事长兼首席执行官李彦宏曾说：“‘互联网+金融’是一个可以化腐朽为神奇的方向。”在互联网金融横空出世，并迅速蹿红起来后，这句话得到了极好的验证。

Read a book learnig in

INVESTMENT AND FINANCING

巧妙储蓄，赢得更多实惠

储蓄是最基本的一种理财方式，其优点在于风险小、期限灵活、操作简便，缺点是收益相对较低。储蓄按期限的不同可大致分为两类，一类是活期储蓄，另一类是定期储蓄，定期储蓄又可以分为零存整取、整存整取、整存零取、存本取息、通知存款等类型。其中，活期储蓄利息最低。

随着现代经济的发展，各种理财工具如基金、债券、外汇等逐渐被人们所接受和使用，储蓄这种传统的理财方式渐渐失去了人们的重视，似乎有被打入“冷宫”的趋势，但实际上，对普通投资者而言，储蓄仍是一种极具可操作性的投资方式。如果能够根据不同人生阶段所面临的不同收入特点和风险承受能力适当调整储蓄策略，不仅可以使其能够较好地满足人们的流动性需求，而且还往往可以获取令人惊喜的收获。

由于储蓄有多种类型，所以可以依据个人实际情况，巧妙调整储蓄策略，以获取更大的收益，那么如何巧妙储蓄，从而获得更多储蓄实惠呢？可参照下面的方式进行：

（1）分份储蓄。

如果你想储蓄1万元现金，可以将它分成不同额度的四分，分别为1000元、2000元、3000元、4000元，然后将其分别存成一年期的定期存款。在一年之内急需用钱时，根据实际需要动用不同额度的存款，这样可避免需取小数额却不得不动用大存单的弊端，减少不必要的利息损失。

这种储蓄方法适用于在一年之内有用钱预期，但不确定何时取用，也不知道需取用多少的情况，当然，取用的数额不是很大，不会超出存款总金额。

（2）台阶储蓄。

也称为阶梯储蓄法，是将现有的储蓄资金均分，然后分别按不同的年限形成阶梯式的定期存款。比如，你手里有5万元现金，先分成5份，每份1万元，然后将其分别存成一年期、两年期、三年期、四年期、五年期定期存款。一年后，将到期的一年期存款续存并改为五年期存款；第二年过后，将到期的两年期存款续存并也改为五年期存款，以此类推，五年后，5张存单都变成五年期的定期存款，而且每年都会有一张存单到期。

这样的储蓄方法可以使存单到期保持等额等量平衡，具有很强的计划性，适合于生活有规律的个人和家庭。

（3）交替储蓄。

如果你手里有10万元资金，可以分成两份，一份5万，然后分别将其存成半年和一年的定期存款，半年后，将到期的半年存款改成一年期存款，同时将这两张一年期存单设定为自动转存。这样，循环周期为半年，每半年就会有一张一年期存款到期，方便取用。

这种储蓄方法称为交替储蓄法。采用这种方法储蓄，既获得了较高的收益，也保持了一定的灵活性，实用性很强。如果你手中闲钱较多，而且在一年之内不会动用，可以考虑这种储蓄方法。

（4）福利储蓄。

如果你手里有数额较大的资金，可以将它以存本取息的方式储蓄起来。一个月后，将这笔钱的利息取出来，再开设一个零存整取储蓄账户，将这些利息存储起来。以后每个月固定把第一个账户中的利息取出来放入第二个账户中。这样不但存本取息的储蓄得到了利息，而且其利息在零存整取中也得到了利息。

虽然利息产生的利息可能不多，但也要尽量充分利用每一分钱，让每一分钱都发挥“钱生钱”的效益，使收益达到最大化。

（5）自动转存。

自动转存是指储户与银行约定在定期储蓄到期日如果没有取出这笔钱的话，银行要自动将本金和利息按原来的定期存期转入下一个存款周期，而无需储户亲自办理。通常情况下，自动转存次数不受限制，续存的利率按照转存日的同档次定期储蓄利率执行。续存之后，如果没有到一个完整的定存期就要支取出来，续存期间的利息则按照支取时的活期利率计算。

在储蓄中间，如果利率调整，对储蓄利息不产生影响，仍按存入日的利息计算。但是存储到期自动转存的时候，则需要按照最新的利率计算利息。对储户来讲，自动转存在方便自己的同时，也增加了利息收入。

（6）通知存款。

通知存款是一种不约定存期、一次性存入、可多次支取，支取时需提前通知银行、约定支取日期和金额方能支取的存款。这种储蓄方式适合手中有大笔现金，近期准确动用的储户。银行相关条例规定，人民币通知存款个人最低起存金额5万元、单位最低起存金额50万元，个人最低支取金额5万元、单位最低支取金额10万元；外币最低起存金额为1000美元等值外币。

在利率方面，人民币、外币的通知存款利率均高于活期存款利率，很多银行对通知存款还采取复利计算，分别以定存一天和七天记一次复利，这使得在活期储蓄和通知存款的选择上，很多人更青睐于后者。

举例说明，活期利率是0.35%，七天通知存款利率是1.1%。A君将200万元买房资金存入七天通知存款，2个月后，他即可获取比活期存款多200万×60天×（1.1%−0.35%）/360天=2500元的利息，即保证了用款需要，又可享受活期利息多几倍的收益。

（7）教育储蓄。

教育储蓄是指个人按国家有关规定在指定银行开户、存入规定数额资金、用于教育目的的专项储蓄，是一种专门为学生支付非义务教育所需教育金的专项储蓄。教育储蓄是一种零存整取的定期储蓄，存期分为一年、三年、六年，对象是在校中小学生。

按照国家规定，教育储蓄的利率享受两大优惠政策，一是免征利息税，二是作为零存整取储蓄将享受整存整取利息，利率优惠幅度在25%以上。此外，还约定最低起存金额为50元，本金合计最高限额为2万元。

在利用教育储蓄时，要把握两点技巧：一是尽可能选择最高的约定金额，以便获得最大的利息和免税优惠。第二，尽可能选择3年期和6年期的存期，同样也是为了获得更多利息和最大化享受优惠政策。

（8）住房储蓄。

住房储蓄是为城镇居民和职工申请住房贷款而开办的专项储蓄。住房贷款享受政策规定的优惠利率，且固定不变，不受资本市场利率波动的影响。城镇居民和职工的住房储蓄达到规定数额和期限，便可获得申请住房贷款的资格。这样，在贷款阶段开始时，储户即可获得合同约定的融资额度，且享受一定的利率优惠。

（9）12张存单法。

这种方法又称连月储蓄法，是指每月将一笔存款以定期一年的方式存入银行中，坚持12个月存入，这样就会有12张存单。一年后每个月都有一张存单到期，这样既保证了固定利率，又可以满足一定的流动性需求，兼备了灵活存取和高额回报的两大突出优势。此外，根据实际情况，还可以考虑适当考虑延长定存期限，以获得更高的利息回报。

正所谓“不积跬步无以至千里，不积小流无以成江海”，我们不应该轻视一点一滴的积累，虽然储蓄所得的利息回报不是很高，但是如果巧妙利用，还是会有一定增长的，另外，储蓄还是其他投资理财的基础，巧妇难为无米之炊，投资理财总要现有“资本”，才可能往下进行，所以，我们一定要收起轻慢之心，掌握一定的储蓄技巧，采取合理的储蓄方式，争取获得更多的利息回报。

外币如何储蓄才最划算

随着全球经济一体化趋势的逐步到来和实现，越来越多的普通人手中持有外币，虽然多个银行已开办了外汇宝、外汇结构性存款等多种外汇投资理财品种，但由于多种原因，很多外币持有者还是选择了储蓄这一传统的理财方式。既然决意选择储蓄方式理财，就有必要详细研究一下如何存储才最划算。

（1）外汇币种的选择。

持有何种外币，需要从外币国利率和外币汇率两个角度去综合分析，原则上，一方面应选择高利率币种，以取得更高的利息收入；另一方面应选择硬通货，也就是选择预期汇率将上升的币种。最好的情况是合二为一，两者都兼顾到，如果不能兼顾两者时，要根据实际情况，灵活判断。

澳大利亚元、加拿大元、欧元、法国法郎、德国马克、荷兰盾、比利时法郎这几种外币，近几年汇率比较稳定，且有上涨的趋势，不妨多加关注，择机介入。

（2）储蓄期限的选择。

由于外币储蓄通常受到国际金融市场的影响，利率波动频繁，稳定性比较差，所以在选择储蓄存期时要好好思量。外币定期储蓄一般分为1个月、3个月、6个月、1年和2年。如果目前利率水平处于高位时，可以考虑选择2年期的长期外汇储蓄，以获得高利息回报。如果目前利率水平相对稳定，则可以选择一年期的中期储蓄，而如果利率水平起伏波动较大或变化趋势不明显时，安全起见，可以选择3个月或者半年期的短期储蓄以观望。

（3）储蓄银行的选择。

对外汇利率，我国相关政策规定，各银行可在中央银行规定的利率上限内进行自行调整，这样，在规定的上限内，各家银行实行的外币定期储蓄的利率有所不同。另外，外资行在外币储蓄时有一定的优势，尤其是优惠利率。

这种情况下，储户在进行外币储蓄时就要“货比三家”，看看哪家银行的利率高，避免盲目选择，造成不必要的利息损失。

（4）与银行约定自动转存。

储户最好在第一次去银行储蓄外币时，与银行约定自动转存，即外币定期储蓄存款到期后，银行自动把原来的外币定期储蓄存款本息合计金额按原存款单上约定的定期期限，根据转存日的银行挂牌外币利率，转存为新的定期外币存款。这样做的好处是避免储户因各种原因不能来银行办理续存而导致利息损失。

（5）现钞、现汇账户的转换。

现汇是指由国外汇入或从国外携入的外币票据，通过转账的形式，汇入到个人在银行的账户中。现汇在国际金融市场可自由买卖，并可不受限制地兑换成其他国家的货币。而外汇现钞是指具体的、实在的外国纸币、硬币。

现钞不能变成等额的现汇，如果要把现钞变成现汇，客户将在外汇金额上遭受一定的损失，需要缴纳一定的手续费用。而现汇不存在实物形式的转移，所以可以直接汇出。现汇支取现钞时，由于汇入方已经承担了运输费，因此现汇可以支取等额的现钞。正因为如此，如果你收到了从境外汇入的外汇，最好将其直接存入现汇账户，而不要转入现钞账户，避免不必要的损失。

（6）币种之间要“少兑少换”。

币种兑换，银行需要收取一定的费用，而且是按照“现钞买入价”收进，而不是按照“外汇卖出价”兑换，后者的费用要超过前者许多，而且手续比较麻烦，所以，为了避免损失和减少麻烦，如果没有太大的必要，币种之间最好要“少兑少换”。

另外，就目前来说，人民币的资本账户还不允许自由兑换，如果将外币兑换成人民币，之后，想要再将人民币兑换成外币则很麻烦，所以，不要轻易将外币兑换成人民币。

互联网时代，储蓄的“一分为三”模式

在互联网金融没有崛起的时候，一谈到储蓄，人们自然而然会想到“去银行存钱”，这是十分正常的事，对于普通人来讲，这是储蓄的唯一途径。随着互联网金融的出现和崛起，这一现状无疑成为了过去式。传统的储蓄分活期储蓄和定期储蓄两种，活期储蓄存取方便，但利息很低。定期储蓄利息较高，但是存取又不方便，急需用钱时很麻烦，如果定期变活期，则会造成利息损失，因此两者都存在一定的弊端。

2013年开始，互联网涉足金融界，掀起了一场名为互联网金融的“风暴”。这场互联网金融风暴的兴起与理财产品“余额宝”的推出有着非常紧密的关系。“余额宝”是2013年6月17日由第三方支付平台支付宝推出的一款互联网理财产品。这是一项余额增值服务，即把钱转入余额宝中就可获得一定的收益。

从本质上说，余额宝是一种货币基金，只不过，借助了支付宝的平台，走进了千家万户，成为了大众理财的一种选择。作为一款理财产品，“余额宝”具有门槛低、安全、收益高、方便存取等特点。

门槛低是指没有设置最低理财限制，1元钱即可认购。安全性是理财的核心要素之一，没有一定安全保障的理财产品是不会有市场的。余额宝作为一种货币基金，理论上存在损失本金的风险，但是从其历史数据

看还未曾发生过损失本金的情况，也就是说损失本金的概率很低，而且支付宝官方郑重承诺，非用户自身原因导致余额宝损失，支付宝将100%赔付。因此，余额宝是有很高安全保障的。

在收益方面，余额宝利息收入虽然有的时候没有传统定期储蓄高，但是要比活期储蓄要高出数倍，而且支付宝里偶尔余出来的闲钱也可以转入余额宝里面收取利息，因此，在利息方面的回报不属于传统定期储蓄。

余额宝还具有极大的便利性，存取可利用手机、电脑自助办理，而不需要像过去那样跑去银行办理。在时间上，余额宝存取可随时进行，存入可随时到账，取出需T+1日到账。在购物上，余额宝的便利性更是传统储蓄无法比拟的，余额宝上的钱随时可转入支付宝账户，而且即时到账，使用非常及时。

正是因为余额宝的极大便利性和高收益性，所以，一经推出，立刻在理财市场空前火热，人们纷纷将储蓄卡里的资金“搬家”到余额宝账户中。通俗地说，余额宝就像是支付宝的储蓄业务，储蓄的利息来自它的本源——货币基金“增利宝”的收益。

短短几年下来，余额宝吸引了大批存款，客观上抢去了传统储蓄市场一部分份额，实际上，除了余额宝抢去了一部分传统储蓄市场份额外，其他货币基金也分得了储蓄市场的“一杯羹”。货币基金可以看作专门投向风险小的货币市场的工具，具有高安全性、高流动性、高收益性。也正是具备了这些优势，它才吸引了一部分存款。

以余额宝为代表的货币基金的兴起，震惊了银行业，很多人由此担心余额宝等货币基金会取代传统储蓄，而“独霸”储蓄市场，但实际上，夸大了余额宝的作用和影响，传统储蓄、余额宝、货币基金三者各有利弊，谁也不能完全取代谁，比如传统储蓄虽然没有余额宝使用便捷，而且活期收益低，但胜在稳定，存取由银行工作人员代劳，适合不熟悉网络操作的老年人；余额宝虽然使用便捷，存取方便，收益也可以，但操作相对麻烦，适合年轻人和经常购物的人群；货币基金结合了活期储蓄和余额宝的优势，收益也可以，可选余地大，但是资金赎回时间稍长，余额宝是T+1到账，而它则需要T+2到账，有一定的弊端。

所以，对这三者的选择，人们只能根据自身情况“各取所需”。很多聪明理财者把三者结合起来理财，互相补充利用，形成完美的储蓄模式，既享受到了较高收益，又使现金的使用率达到了最大化。比如10%的现金放入银行卡里，用于日常生活所需；40%的现金放入余额宝账户，以收取高收益和便于购物；50%现金投资于收益率更高的货币基金，以获取更高的收益回报。

各类“宝宝”理财到底哪家强

随着“余额宝”的兴起，“宝宝”类理财产品陆续被推出，纷纷抢占互联网金融的一席之地，成为新生代的投资理财明星，开辟了大众理财的新渠道。

“宝宝”类理财产品可以分为四大类，第一类是以余额宝为代表的互联网系“宝宝”，这类“宝宝”是互联网公司与基金公司携手打造的理财产品。由于互联网公司并不是真正意义上的专业投资理财公司，它们需要通过与专业的基金公司合作，一起推出线上理财产品。互联网公司在台前“露脸”，而与之合作的基金公司在“幕后”提供支持。基金公司借助互联网公司庞大的用户资源，迅速将理财产品在线上推广，第一时间占据巨大的市场份额，如余额宝是阿里巴巴集团与天弘基金携手打造的理财产品；理财通是腾讯公司与华夏基金合作推出的理财产品。

互联网系“宝宝”通常具有便捷化、多样化的显著特点。便捷化主要体现为存取方便，时间不受限制，可以随时进行，而且用时短（赎回通常半个小时内就可到账）。另外，这类系“宝宝”可以绑定储蓄卡实现快捷支付，而且转账（包括跨行转账）也不需要花手续费。还有一点也很重要，就是这类“宝宝”多数都与网上商城直接挂钩，很轻松可以实现网上购物和支付，总之，非常“亲民”。多样化主要体现为这类系的“宝宝”种类丰富，占领的市场份额大，可供选择的余地大。

在风险方面，互联网系“宝宝”的风险来自三方面：一是本金风险。虽然货币基金理论上存在损失本金的风险，但是从历史记录上看还未曾发生过损失本金的情况，也就是说出现损失本金的概率极低，因此不必过于担心。二是未达到预期收益。通常情况下产品刚推出时，收益会较高，之后会逐渐低落下去。历史上的高收益并不代表未来一直保持高收益，具体收益需要看基金整体运营情况。三是技术风险。就是系统出现了技术漏洞，被网络病毒或者黑客攻击而引发的危险。出现这方面风险的可能性很低，毕竟互联网公司和基金公司也都是依靠技术吃饭的。不过安全起见，在选择这类“宝宝”时，可优先选择规模和实力雄厚的大公司。总体上看，互联网系“宝宝”风险等级偏低。

总之，持有互联网系“宝宝”，既得到了方便，也做到了有效理财，一举两得，所以，这类“宝宝”受到了人们的热烈欢迎和喜爱。

第二类“宝宝”是银行系“宝宝”。这品类的“宝宝”是互联网系“宝宝”刺激银行的“产物”。由于人们纷纷把储蓄卡里的资金“搬家”到互联网“宝宝”中，银行方面为了挽回颓势，顺应时势，也推出了多种具有银行特色的“宝宝”类产品。

由于银行具有金融方面的丰厚积淀，如悠久的发展历史；丰富的金融经营经验，人们对其的信任感，因此，银行系“宝宝”相比互联网“宝宝”有独具的优势，在正规、专业、安全等方面对投资者更具诱惑性。事实上，银行系“宝宝”也确实做到了在技术上紧跟互联网系“宝宝”们，在收益和便捷性方面也与对方不相上下，所以，吸引了不少客户，挽回了一些“飞走”的资金。

第三类“宝宝”是基金系“宝宝”。实际上，无论是互联网系“宝宝”，还是银行系“宝宝”其实质都是货币基金，只不过互联网和银行充当了货币基金的推出平台，背后是基金公司在进行市场化运作。互联网公司和银行的参与实际上是抢了基金行业的“饭碗”，这种情况下，很多基金公司不甘示弱，却不与互联网公司或者银行合作，而是“自导自演”，推出了自己的“宝宝”。凭借自身多年管理基金的能力，很快也在互联网金融市场分得了“一杯羹”。

基金系“宝宝”最大的特点是超高流动性。资金的流动性与安全性是紧密挂钩的，流动性越强，就表明安全性越高，反过来也是如此，安全性越高的产品，资金的流动性也就越强。基金系“宝宝”在资金流动性方面是其他品系“宝宝”所无法比拟的。目前，许多基金系“宝宝”推出货币基金T+0快速提现业务，支持高额取款，实时到账，往往是这边发出赎回申请后，那边资金几秒钟就会到账，可以说是飞速。这种超高的资金流动性，无疑大大解除了用户的后顾之忧。

第四类“宝宝”是保险系“宝宝”。众所周知，保险公司最主要的业务是提供各类保险业务，但是在各类“宝宝”相继问世下，保险公司也不甘寂寞，也推出了具有自己特色的“宝宝”产品。

保险系“宝宝”最显著的特点是高收益、高风险。相对于其他“宝宝”4%左右的收益，很多保险系“宝宝”的预期收益率达到了7%左右，比前者高出了一大截。如此高的收益，让许多投资者心动不已，纷纷把目光转向了这里。但是，高收益的背后往往暗藏着高风险。为什么保险系“宝宝”的收益要强调预期收益呢？就是因为能否达到这个目标，最终还要视资金运营的实际情况而定，预期收益只是个估值，不代表真正的收益率。

另外，与其他三类“宝宝”产品比较，保险系“宝宝”的资金流动性很差，不能自由赎回。通常情况下，虽然它们都有附加的保险价值，但是投资风险还是要较其他三者大大增加了，因此，投资保险系“宝宝”产品还是要慎之又慎。

纵观互联网金融时代下的这四大品类“宝宝”们，真是各有各的优点，也各有各的缺陷和不足。作为投资者，选择哪种“宝宝”作为自己的理财产品，应该根据自己的实际情况和现实需要，在充分了解各类宝宝的特点后，有针对性地选择适合自己的理财产品。

学会选择和调配，让“宝宝”成吸金神器

在前景利好的刺激下，各类“宝宝”如过江之鲫，让人眼花缭乱。前面已经讲过，不同品类的“宝宝”各有各的优势和劣势，那么到底该怎样选择呢？不妨从以下三方面考察，之后根据自己的实际情况择优选择：

（1）优先选择开展活动的产品。

之所以要优先选择开展活动的产品，主要是因为“宝宝”类产品在推出的时候，商家为了让大众迅速了解并接受该产品，往往都给予一定的优惠活动，选择这个时候出手购买，其收益率、流动性以及安全性都要比该产品在市场站稳脚后更为有利。

另外，出于自身的需要，一些银行系“宝宝”有的时候不但在推出新品的时候，开展一定的优惠活动，而且在后续的经营中，也可能不间断地开展优惠活动。投资者要注意关注这些优惠活动，一旦发现适于自身情况的“宝宝”产品，就可及时出手。

（2）优先选择“七日年化”收益率高的产品。

“宝宝”类理财产品与传统储蓄不一样的地方之一就是“宝宝”产品的收益率不稳定，它们不像传统定期储蓄，一旦定下了利率，无论之后的金融市场如何波动，物价如何上涨，在约定的储蓄期限内，银行都会按照原先既定的利率保证利息回报。但是“宝宝”类产品则不同，它们每天的利率几乎都在变化，或涨或降，很难捉摸。这种情况下，要想选

择收益高的产品，需要参考产品的七日年化收益率。

所谓七日年化收益是指某一产品最近七日内的平均收益水平进行年化后得出的数据。“宝宝”产品的七日年化收益基本上反映了该产品的收益与安全情况，两者呈现正比关系。因此，在选择“宝宝”类产品时，要尽量选那些七日年化收益率高的产品。

（3）优先选择提现速度快的产品。

理财资金的安全性与其流动性密切相关，往往流动性越强，其安全性也往往越高，所以在选择“宝宝”类理财产品时，要把资金的流动性当作一个非常重要的因素参考。这里所说的资金流动性是指资金的提现速度，资金流动性高意指提现速度快。

在选择具体产品之前，可以咨询产品推出公司的客服人员，也可以查询产品的具体信息，以了解产品的提现速度。对于那些提现速度慢，或者在提现期限到来后还无法保证兑现的产品，不要抱着侥幸的心理，要决然弃之。

选好了“宝宝”产品，并不代表理财已经成功了，还需要对产品及相关信息持续关注，以便及时调整投资方向，才可以让投资理财实现利益最大化。那么，“宝宝”类产品理财需要关注哪些情况？

（1）掌握资金流向，保证投资高收益。

传统储蓄，银行对储户的资金流向是有工作纪律的，即使在储户的一再追问下，工作人员也会含糊其辞地作答，不会清楚地告诉你资金流向。但是，互联网金融下的“宝宝”类理财产品，其投资者的资金流向却是很明晰的。投资者在出售“宝宝”类产品的金融平台上，登录自己的账号，就可以很轻松地查到自己所认购的产品，点击该产品，里面就会呈现融资方的介绍、融资资金的投资领域以及资金的具体走向，一切非常清晰明了。

这种情况下，投资者就可以根据资金的流向情况，判断这只基金的投资价值，看自己到底有没有必要持有该产品，持有的话是短期持有，还是长期持有。另外，还可以查看其他基金的相关情况，寻找适合自己的产品，这样，就可以及时调整方向，保证投资高收益。

（2）关注货币市场，预测货币基金走向。

由于“宝宝”类产品其实质都是货币基金，因此，货币市场的变动必然会影响到各类“宝宝”们的收益率，所以，要想让“宝宝”们成为吸金神器，实现资产升值，就需要时刻关注货币市场的动向，借此来预测货币基金的走向，以便及时调配“宝宝”品类，选择最佳的理财产品。

（3）根据实际情况，制定多样理财计划。

目前市场上，充盈着众多“宝宝”类产品。多数“宝宝”都有不同的收益率、提现方法以及安全保障手段。投资者要与时俱进，改变传统理财观念，根据自己的实际情况，制定多样理财计划，让钱“滚动”起来，力争实现收益最大化。

除了根据实际情况，制定适合自己的多样理财计划外，还要时刻关注“宝宝”市场的变化，及时了解新推出的投资项目，努力捕捉理财“新秀”，力争选出收益高、安全稳定的品类，实现资产更高升值。

一本书读懂

投资理财学

个人投资理财全攻略

第四章 在机会和风险中“淘金”

——股票投资

股民说，做股票并不难；难的是不做股票；更难的是不知道什么时候该做股票，什么时候不该做股票；更不可理解的是明知道什么时候不该做股票，但却又满仓去做了，没想到却大赚了；而想做的时候，阴差阳错没有去做，结果一路飘绿……股票投资就是这样让人欢喜让人忧。

Read a book learnig in

INVESTMENT AND FINANCING

股票投资：收益、风险永相伴

股票是股份有限公司在筹集资本时向出资人发行的股份凭证，它代表着其持有者（即股东）对股份公司的所有权，这种所有权表现为一种综合权利，包括参加股东大会、投票表决、参与公司的重大决策、收取股息或分享红利等权利。同一类别的每一份股票所代表的公司所有权是等价的，同股同权，同股同利。

股票投资是指企业或个人用货币购买股票，借以获得收益的行为，可见投票投资属于一种投资理财的行为。虽然不能说所有理财成功的人都会投资股票，但是通过股票投资确实可以更快地取得投资理财上的成功，当然，并非所有投资股票的行为都会获得成功，恰恰相反，成功的人数要远远少于失败的人数。可依然有很多人“明知山有虎偏向虎山行”，最大的原因就是因为股票投资会带来巨大收益。

具体来说，投资股票可带来如下几方面的收益：

（1）获得分红和股息。

发行股票的公司间隔一段时间（通常间隔半年或一年），根据公司的经营情况拿出一部分利润，按股份比例分给股票持有者，这就是分红。如果公司经营状况良好，股东得到的分红就会很可观，每股的分红可达到一元钱左右，而如果经营情况一般，分红就会相应少一些。

股息就是股票的利息。获取红利和股息是股民投资上市公司的基本目的，也是股民的基本经济权利。股票分为普通股和优先股。按照规定，优先股的股东能够优先于普通股的股东获得双息红利，并且优先股每年的股息一般都是固定的，而普通股的股东则只能在债权人和优先股股东都获得各自的利益以后才能获得剩余的利润。

（2）接受送股。

送股是上市公司分红的一种形式，因此也称红股，即采取无偿送股份的办法给公司的股东分配利润的一种形式。例如一个上市公司的送股方案是10送10，就是每10股送10股。如果投资者原来持有1000股该公司的股票，公司送股以后该投资者持有该公司的股份由1000股变为了2000股，持有的股票数量增加了，拥有该公司的资产增加了。

（3）优先接受配股。

配股是上市公司根据公司发展需要，依据有关规定和相应程序，向原股东进一步发行新股、筹集资金的行为。按照惯例，公司发行新股，原股东拥有优先认购权，可自由选择是否参与配股。配股的一大特点是新股的价格是按照发行公告发布时的股票市价作一定的折价处理来确定的，所折价格是为了鼓励股东出价认购。如果公司经营良好，股东会因认购新股而获利。

（4）获取买卖价差。

股票可以在二级公开市场上进行自由买卖。有买卖就有赔赚。由于股票市场波动性很强，股价变动频繁且幅度很大，因此买卖差价就成为很多投资者最为关注的股票收益。一些独具慧眼的专业投资者甚至能够通过频繁的买卖股票多次获得惊人的差价利润。比如，你买入的股票价格是每股5元，而卖出的价格是每股22元，差价为每股17元，如果买卖的数量大，其利润就相当可观了。

投资股票固然有机会赚取高收益，实现快速致富，但高收益的背后隐藏着高风险，它可以让你大赚一把，也可以瞬间让你赔得血本无归，世上的事往往都是如此，福祸相依。通常情况下，股票投资具有下列一些风险：

（1）通货膨胀风险。

这种风险是指由于通货膨胀引起的投资者实际收益率的不确定。

（2）利率风险。

这种风险指的是利率方面的风险。通常情况下，银行利率上升，股票价格必然下跌，反之也是这样。

（3）汇率风险。

本国货币的升值和贬值会影响到汇率的变化，进而影响到股票价格。

（4）宏观经济风险。

宏观经济因素的变化，包括经济政策的改变、经济的周期性波动以及国际经济因素的变化都极有可能直接或间接影响到股票市场，导致投资者收益或损失。

（5）社会政治风险。

稳定的社会、政治环境是经济正常发展的基本保证，如果社会、政治发生了较大的变动，自然会影响到经济环境的改变，进而也必然影响到证券市场，使其产生大波动。

除了这些风险外，还有因公司经营不善而引起股票收益不稳定、股票流动性差以及投资者本人操作性失误等风险，总之，股票投资有很大的风险，但也正是由于有高风险，才有高收益，正所谓风险、收益永相伴。

“收益自得，风险自担”，这是每个投资者投资股票前应有的清醒认识。不要只想着股票的高收益，还要记得高收益背后潜藏的高风险，只有做好了充分的心理准备，保持良好的投资心态，再配以丰富的股票投资知识和技术，才有可能在股票投资市场收获快乐和成功。

股票投资基本面分析：只为选一只好股

在股票投资中，选对股票是非常重要的，可以说是股票投资的重中之重，直接关系到股票投资的成败。初次炒股，面对成百上千只股票，很多人都感到茫然，不知道该选哪一只。

一般来说，好的股票必然来自优秀的企业，所以如果想认购好股，就要选择优势的企业，然后持有其股票。优秀的企业标准是什么呢？“股神”巴菲特认为看一个企业是否优秀，要看其：业务是否清晰易懂，业绩是否持续优异，有无能力非凡且肯为股东利益着想的管理者。符合这几个条件的企业必定是一个优秀的企业，选择这样企业发行的股票，就有望获得相对良好的投资回报。实际上，这就是在对股票进行基本面分析。所谓的基本面分析，就是对公司的基本情况进行分析，包括对公司的经营情况、管理情况、财务状况以及未来发展前景分析等。

具体来说，考察股票的基本面要从以下几个方面入手：

（1）要有好的产品。

公司业绩持续优异必定要以一个好的产品为依托，没有一个好的产品，业绩是不可能取得长久辉煌的，因此看一个公司的业绩情况，首先要看其有无一个好的产品。只有拥有好产品，业绩才有可能优异。

另外，还要关注行业的生存前景，因为一项新产品的问世极有可能会终结现有产品的“生命”，使其退出市场。所以在关注产品的同时，还要多多关注该行业前景。

（2）要有好的机制保证。

公司业务是否清晰易懂与公司的整体机制密切相关，是一个公司运营、管理好坏的直接反映，通常情况下，一个拥有一套科学完善机制的公司其业务脉络应该是完整明晰且符合该行业特性的，所以看一个公司的运营、管理机制有助于增进对公司业务的了解。

(3) 要有好的管理层。

一个有能力又负责的管理层是一个优秀企业必不可少的组成部分，如果管理者素质不过关，企业的管理水平跟不上企业发展的需要，那么企业经营就很容易偏离发展的轨道而陷入泥潭。相反，一个优秀的管理层会让一个企业与时俱进，提高企业的市场竞争力，并且会从战略高度为企业未来发展指引方向。由此可见，拥有一个有能力的管理层对企业的发展有着至关重要的作用。

另外，企业的管理者还要有负责任的精神，对内要对企业负责，对外要对广大股东负责，只有具备双重负责任的精神和态度才会使企业增加凝聚力，获得广大股东的信任。

投资者可以从网络、电视、报刊杂志以及其他媒体上了解企业管理者的情况，有可能的话，最好实地考察企业的人事制度、决策机构。

(4) 要掌握一定的选股技巧。

要想选一只好股，除了要对上述因素多加关注外，还要懂得一定的选股技巧，才有可能“淘”到好股，下面是一些被证明行之有效的选股小技巧，不妨根据自身情况借鉴参考：

a. 可选那些不出名，但发展势头良好的上市公司股票。这类企业是股市潜伏的“黑马”，假以时日，极有可能一鸣惊人。这类企业的股票是拥有巨大能量的“潜力股”，值得认购。

b. 可选择题材股。题材股就是有炒作题材的股票。正是有炒作的可能，才会引起一些大户的关注，也才会被反复炒作。看准机会认购些题材股，待股价升上去后抛出，往往会有较为丰厚的获利。

c. 选择小盘股。小盘股是指发行在外的流通股份数额较小的上市公司的股票。小盘股相对容易控盘，筹码较少，大户容易吸筹，所以选择好时机介入，往往会遇到股价飙升，由此获得丰厚回报。

d.选择换手率高的股票。之所以选择这类股票有两个原因，一是换手率高，筹码得到了充分消化，个人的成本较高，卖压越来越轻，未来走势看好。二是换手率高意味着股票流通性好，进出市场比较容易，具有较强的变现能力，因此容易获得大众的热烈追捧，后市可能会有杰出表现。

e.选择逆势上行的股票。逆行上市的股票多为强势股，在股价飙升后会稍有回落，之后往往逆行上市。另外，这类股票也多为题材股，有一定的炒作价值，所以认购这类股票可能会有一定的预期回报。

f.选择市盈率低的股票。市盈率是股票市价与其每股收益的比值。通常情况下，一只股票市盈率越低，市价相对于股票的盈利能力越低，表明投资回收期越短，投资风险越小，股票的投资价值越大。

选一只好股是股票投资的关键一步，它里面的“水”很深，不像上面所论述的那样简单，需要掌握的知识和技巧以及需要注意的事项也要远比上述繁琐庞杂。要想“淘”到好股，只有兼顾各方面的因素，排除干扰项，才有可能达到目的。

买入的时机合适，才可能买到“未来”

粗看股票投资赚钱流程其实很简单，就是价低的时候买入，价高的时候卖出。这里就涉及一个买入的时机问题，即什么时候买入才合适？这里，“合适”指的是价格低廉，当然，价低是相对而言的。

对投资者而言，买股票主要是买未来，希望买到的股票未来会涨。如果买入的时机合适，即在价格低的时候买入，价格高的时候卖出，自然就赚到钱了。可见买入的时机非常重要，时间选得好，就算股票选得差一些，也会赚到钱，如果买入的时机不对，即使选对了股，股价也不会涨，而且还导致被紧紧套牢。那么，根据哪些方面来确定股票买入的最佳时机呢？也就是说该在什么情况下买入才算合适呢？可根据下列方面确定买入的时机：

（1）根据基本面确定买入时机。

以往的事实证明，如果国民经济持续稳定增长，股市往往长期向好，这种情况下，大盘具有决定性的反转行情，选择在这个时候介入股市，往往会有好的收获。

如果想长期持有一只个股，查看它的基本面，如业绩持续稳定增长，那么就可以放心地介入。如有突发实质性的重大利好，也可以选择介入，等别人来“抬轿”。

（2）根据趋势线确定买入时机。

买入时机良好；股价向上突破水平趋势线的时候，买入时机良好；中期上升趋势中，股价回调不破上升趋势线又止跌回升的时候，买入时机良好；股价向上突破下降趋势线后调至该趋势线上的时候，买入时机良好；股价向上突破上升通道的上轨线的时候。

（3）根据K线形态确定买入时机。

a.底部明显突破的时候，考虑买入，比如头肩底、W底等。股价突破颈线点的时候，考虑买入；当弧形底，形成10%的突破之际，多半为买入的良机。

b.低价区小十字星连续出现的时候，为买入的良机。底部连续出现小十字星，意味着股价这个时候已经止跌，多会有主力介入痕迹，如出现较长的下影线，则说明多头位居有利地位，这个时候多为买入的良机。

（4）根据移动平均线确定买入时机。

a.上升趋势中股价同档不破10日均线的时候，为短线买入的良机。上升趋势中，股价回档至10日均线附近时成交量应明显萎缩，而再度上涨时成交量应放大，这种情况下，后市上涨空间大，应抓住时机买入。

b.股价有效突破60日均线的时候，是中线买入的良机。当股价突破60日均线后，需要满足其均线拐头上行的条件才开买入。

（5）根据成交量确定买入时机。

a.股价上升，而且成交量稳步上升的时候，要积极买入。因为底部量增，价格稳步盘升，主力吸足筹码后，配合大势稍加拉抬，投资者很快就会加入进来。放量突破后即是一段飘涨期，所以适宜买入。

b.缩量整理的时候，可以考虑买入。

（6）根据周线与日线的共振确定买入时机。

周线反映的是股价的中期趋势，而日线反映的是股价的日常波动。如果周线指标和日线指标一起发出买入信号，如两者发生共振，则可考虑买入。

实际上，买入时机的参考因素不止上面所列的几种，这里所列出的只不过是比较常见、常用的，希望能给投资者以帮助。还有一点需要说明的是，在没有较大把握或资金不够充裕的情况下购买股票，无论时机合适与否，最好不要一次买进，而是分两三次买进，以分散风险，获得投资报酬。

炒股赚钱靠智慧，教你几招实用小秘诀

炒股赚到钱不容易，而要长期赚钱更不容易，但是机会是无处不在、无时不在的，抓住机会需要智慧，有智慧的人才能及时抓住并利用机会。百试百灵的炒股秘诀肯定是不存在的，要不炒股赚钱也就不那么难了，尽管如此，一些实用的技巧还是有的。这些技巧是长期“混迹”于股市的人总结出来的，有一定的道理，但在具体运用时，要结合实际情况，而不要拿来就用，否则就会误导。下面介绍几个实用的小秘诀。

（1）暴跌是介入的好机会。

暴跌分为大盘暴跌和个股暴跌，其中大盘暴跌和个股暴跌两者之间

可以相互转化。暴跌往往是重大利空或者偶然事件造成的，预示着可能有重大机会来临。如果是在大盘相对高点出现的暴跌，情况不明朗，需要谨慎对待。但是如果主跌浪或者阴跌很久后出现的暴跌，就要多加关注和研究了，诸多的事实证明，这种暴跌造就了很多牛股。选择这个时候介入，有望获得丰厚的投资回报。

（2）跌幅很大的时候考虑空仓。

有一些投资高手善于通过追涨杀跌的短线操作来获取不菲的收益，但是对于那些不是专门炒股的投资者则很难做到这一点，主要是因为他们做不到每天都看盘，每天都能追踪上热点。这种不足之处不仅使他们不能及时买到上升趋势中的股票，而且还会有遭到损失的风险。对他们来讲，如果感觉市场上的股票不好操作，热点不好追踪，大多数股票出现大幅度的下跌，而上涨的股票涨幅不大，就要考虑空仓处理，以免遭遇大风险。

（3）在最低价与最高价附近交易。

人是有贪欲之心的，但应在一个有限度的范围之内，而不要贪婪无限。在股票投资中，一定要掌控好自己的贪欲之心，“多头空头皆可赚，唯有贪心赚不成”，很多投资者总是希望能在股价“最低”的时候买入，而在股价“最高”的时候抛售，结果总是人心不足蛇吞象，弄巧成拙，不是因为一点小利而错过了最佳买卖时机，就是遭受较大的损失。

愿望是好的，但在现实中却是很难实现的，最低价买入最高价卖出是很难做到的，甚至是几乎不可能的，因此不要抱有这种不切实际的想法。只要是在最低点附近买入最高点附近卖出就可以，不要奢求一下子完美。

（4）要设置止损位和止盈位。

止损位和止盈位对投资者，特别是对非职业股民来说很重要，可以有效避免出现大的损失。止损位和止盈位没有绝对的标准，每个投资者内心都有自己的止损位和止盈位，这个位置的设置一定要合理，而且，一旦到达位置一定要严格执行，一定不要犹豫。

比如，15元买入一只股票，设立止盈位22元。等达到了22元时一定要及时抛售，不要奢望达到30元再去卖，贪心和无原则往往会让你损失惨重。设立合理的止损位和止盈位，并遵照执行，会让你从容获利出局。

（5）坚持做长线投资。

不管是牛市，还是熊市，如果持有一只有价值的股票，就要坚持做长线投资。对于有价值的股票来说，股市的跌落只是暂时的，只是一个过程，最终还会涨回来，只不过这一过程经历的时间可能有些长，3年，5年……

持有有价值的股票是这种投资行为获利的重要前提，那么如何知道一只股票是否具有投资价值呢？主要看三点：一看业绩的增长率，增长率逐步提高意味着赢利能力逐渐走强；二看净值产收益率，收益率越高就意味着赢利能力越大；三看性价比，性价比高表明潜力越大。

只要这三者具备了，基本上可以断定该股票是一只有价值的股票。长期持有，总有一天会给你带来丰厚的回报。

投资不是投机，要懂得规避操作误区

股票投资是一种风险投资，很多投资者在不适当欲望的支配下，把股票投资当作一种赌博，希望能以小博大，赚到巨额财富，但这样却往往让自己“迷失了方向”，踏入操作误区，最后不可避免地让自己遭受了损失。现在我们就来盘点一下股票投资中的操作误区，并借此总结出如何规避操作误区。

（1）高估了股价。

有一些投资者查看了企业的历史和产品的销售情况，就以为了解企业了，就可以“放心”认购该企业股票了。实际上，这是不对的，通常你了解到的企业情况，别人也多半了解。如果某个企业是一个人人看好的企业，那么这个企业的股价里应该包涵了它的预期价值，也就是说它的股价可能已经被高估了。

所以，不要自以为了解某个企业而大量认购该企业的股票，在普遍看好的情况下，要谨慎出手。实际上，可以多关注一下那些不被普遍看好的企业，从它们里面寻找有潜力的企业。机会来的时候，那些不被普遍看好的企业，可能会给你惊喜。

（2）不分析整体走势。

一些投资者急功近利，迫切想在短时间内发大财，在看大盘的时候只看分时图，只看重几分、几角的蝇头小利，而不看股价的整体走势，一叶障目不见泰山，导致拣了芝麻丢了西瓜。一定要跳出小利益的藩篱，纵观全局，掌握整体走势，这样才有可能“不畏浮云遮望眼，只缘身在最高层”。

（3）把钱全都投进去。

股市从来都不缺赌徒。他们抱着一下子发财的投机心理，看好了某只股票，一下子把钱全都投进去。这种人有可能因某一次机缘巧合投资成功，但是多数情况下，投资失败，损兵折将。

当然，任何投资都有一定的风险，股票投资更是如此，如果不愿意冒险的话，很难获得更多的收益，但是这并不是要求投资者要具备赌徒心理，两者是有明显区别的。投资要有理智，要有耐心，要有探究的精神，不要孤注一掷，更不要拼死一搏。想长期炒股，且希望有所收益，钱和智慧都是不可或缺的。

（4）跟着别人的节奏走。

一些投资者没有自己的见解，见别人买什么股票，自己就跟着买什么股票。见别人卖股票，也跟着杀跌。要知道股市永远是少数人赚多数人的钱，跟着大多数人走通常不是踏空，就是会赔钱。

炒股是靠知识和智慧取胜的，所以，如果想要在股市中胜出，只有学习、学习、再学习，综合信息，独立思考，然后做出自己的判断，而不要看别人做，怎么选择，自己就盲从。不学会自己走路，早晚都会被股市的漩涡所吞没。

为了避免盲从，可以设定投资目标，一旦确定了投资目标，除非所持有的股票基本面发生本质性改变，否则完全可以不去理会市场真假难辨的传闻。可以每周只查看一次股票，这样可以抑制投资中患得患失的心理疾病。

(5) 抱着股票不撒手。

有的投资者见自己的股票价格一路下跌，不忍心自己的投资打水漂，因此迟迟不肯将手里的股票抛售，另外，他们认为股票不同于期货，没有“暴仓”之说，即便下跌也终究有涨回来的一天，于是即便误判错趋势买错股，也舍不得止损割肉而选择遥遥无期的等待，致使短线变长线，长线变贡献，小亏不吃，吃大亏。

应对的办法是当发现自己被套住后，要仔细研究市场，如果发现前景不利好时，要坚决止损卖出，不要心存侥幸，幻想不久可能会上涨，这样不切实际的想法往往会让你损失得更多，而且还由此失去很多机会。

(6) 只认准一只股票。

投资的一句名言是“鸡蛋不要放在同一个篮子里”，这话要是用在股票投资中，那就是不要只持有一只股票，但是却偏偏有一些投资者偏爱持一只股票，比如，在某只股票上赚了钱，就认定它是只好股，还会赚钱，于是常常是卖出后，再买回来，由此经常陷入长期被套的境地。

事实上，股票被热炒过后，常常失去了投资价值，如果卖了再将其买回来，希望继续赚钱，是很愚蠢的。

(7) 过于频繁地操作。

这种操作误区常常发生在新入市的股民身上，他们认为炒股、炒股，就要不停地买卖股票，频繁操作的结果往往是赔多赚少。炒股不像到超市买东西，什么时候买都可以，股价的上涨是有条件的，多头市场还没有形成，股价就不会上涨，不看时机随意抛售，就无钱可赚，甚至会赔钱。

初入股市的新人应该明白，真正在股市赚钱的，除了技术高手以外，多数都是耐心极好，并且能够在低位买进，坚定不移地持有自己所看好股票的人。

应对的办法是加强炒股知识的学习，努力建立一套科学的交易模式。为了避免自己频繁操作，可以规定自己每月只能交易一次，事实证明，这个规定有助于投资者克服因为“过度自信”而频繁交易。

短线交易要遵守的七大理念

很多股票投资者喜欢做短线，特别是那些散户十分热衷于短线交易，似乎不做短线，就不算炒股，但是短线操作的要求却很高，对操作者的技巧、方法以及心态都有一定的要求，所以短线操作是块诱人的“鸡排”，好吃但不好下嘴，而且容易导致消化不良。

尽管被碰得遍体鳞伤，还是有很多人不改初衷，纷纷投身短线交易，既然如此，就有必要仔细研究一下短线交易的特点，找出其操作精髓，以增大成功的几率。下面是短线操作高手总结出来的短线交易七大理念，在这些理念下进行短线操作，成功的把握很大，不妨借鉴参考一下：

(1) 顺应趋势买入卖出。

市场永远不会错，所以要学会顺应趋势去买进卖出。在牛市中，不要试图去判断行情的顶点；熊市中，也不要尝试去抓住股票的最低点，只需顺着潮流进出即可，否则就容易失去赚钱的机会，也有可能因此承担大的损失。

(2) 设立止损点和止盈点。

设立止损点和止盈点对短线交易十分重要，有立竿见影的效果，它可以让你从容获利后出局，也可以让你长期在股市中生存下去。反之，如果不设置止损点，任由亏损扩大，结果就要承担长期的损失。不设置止盈点，一味主观认为自己的股票还会继续一路飘红，结果遭遇“滑铁卢”，从而让自己的利润白白溜走。

(3)“金字塔”加码。

短线交易时，当手中的股票价格上升中，要遵循“每次加码的数量比上次少”的原则，即遵照“金字塔”加码原则，因为价格越高，接近上涨顶峰的可能性越大，拐点就越快要出现了，危险也越大。要尽量避免让风险加大。

(4) 勿在赔钱时加码。

短线交易中，有这样一种情况经常出现，那就是股价突然反方向飙升。这种情况下，有些人会加码再做，这是十分不明智的，如果价格总不回头，那么结果无疑是恶性亏损。

(5) 不要固守僵死的计划。

这类短线投资者多是循规蹈矩者。本来可以平盘收钱，但是碍于原来的目标还没有实现，就持股等待，在等待中错过了最好的价位，失去了赚钱的良机。要学会见好就收，不要受限于最初的计划。毕竟计划是死的，而变化是随时都可能发生的。

(6) 不参与不明朗的走势。

当感到走势不够明朗，自己又缺乏信心时，最好不要入场参与。因为盲目状态下，很容易做出错误的判断，导致损失。

(7) 不要迷信小道消息。

有些短线投资者总喜欢打听小道消息，然后依据打听来的小道消息买进卖出，其结果往往遭受损失。目前，股市上鱼目混珠，各种信息掺杂，你不可能准确地判断出哪些信息是真的，哪些信息是假的。只有通过自己的努力，认真学习各种方法技巧，才有可能投资成功，而不是迷信各种小道消息。

短线操作的核心可用四个字来概括，那就是“追涨杀跌”，“追涨杀跌”容易让人在高位时买进、低位时卖出，因此，一定要准确判断低位和高位，恰到好处地“追涨杀跌”，这样才会投资成功，获取收益。上述的理念有助于投资者对股市形势的判断，知道什么时候应该介入，什么时候应该“退场”，进退有法、有序，从而成功获取收益。

网上炒股的“三大纪律八项注意”

互联网金融迅猛来袭，网上炒股也成为了股民们的新选择。网上炒股方便、快捷、安全，可以让股民足不出户就可以“决胜千里”，自然具有一定的优势。

网上炒股毕竟不同于以往通过代理人的方式炒股，作为一种新的投资理财方式，它有着自己的特点，很多投资者由于缺乏一定的网上炒股经验，防范风险意识不强，有时还因为操作不当等原因致使买卖股票出现失误，遭受了一定的损失，所以，了解一些网上炒股的注意事项和操作规则是非常有必要的，对于确保网上炒股的正确以及股票、资金的安全都是非常重要的。下面是网上炒股需要谨记的三大纪律：

（1）在具有资质的营业部开户。

投资者必须在具有网上交易资格的营业部开户，这样才能进行网上炒股。开户可以去柜台办理，也可以网上开户。这里只介绍网上开户。网上开户即通过互联网申请办理开立证券账户、资金账户、开通第三方存管等业务。申请成功后，就可以使用账户交易了。

（2）正确设置交易密码。

网上交易系统主要通过客户号码（也就是股东号码），和交易密码作为交易对象的识别标志，如果让他人知道了你的客户号码和交易密码，就可以轻松进入你的账户，你的股票和资金的安全性就没有了，所以投资者一定要注意交易密码的保密性。

在设置交易密码时，注意最好不要用自己的生日、电话号码，或者吉祥数字等容易让人猜到数字，以增强安全性。最好每隔一段时间修改和更换一下密码，以提高其安全性。

（3）及时退出交易系统。

在使用完交易系统后，一定要记得及时退出交易系统。一些投资者在使用完交易系统后，忘记了退出，就离开了，这时如果家人或者朋友操作，有可能误发交易指令，造成不必要的损失。如果是在公共场所，如使用网吧的电脑炒股，忘记了退出交易系统，后果可能会更严重的，会造成盗买、盗卖股票的现象，威胁到你的股票和资金，因此，要养成使用完交易系统后，及时退出的好习惯。

八项注意分别是：

（1）谨慎操作。

在网上炒股开通协议中，证券公司要求投资者输入的交易信息一定要核对清楚，准确无误，对因输错信息造成的损失，证券公司概不负责，所以，投资者在实际操作中一定要谨慎操作，仔细核对买入和卖出股票的价格，确认万无一失后，方可输入。

（2）及时查询。

在交易结束后，投资者一定要及时利用网上的交易查询选项进行查询。为什么一定要这么做呢？因为网络运行不稳定，以及其他因素导致投资者和券商两边信息不对称，有时投资者的电脑显示网上委托已经成功，但是券商却没有接到委托指令；有时投资者电脑显示委托没有成功，但是券商已经收到了委托指令，这样就造成了指令的混乱，因此，在交易结束后，一定要及时利用网上的交易查询选项进行查询，以确保指令正确传达。

（3）开通电话委托。

在开通网上交易的同时，也要开通电话委托。为什么要这样呢？因为网上交易有时会遇到系统繁忙，或者网络发生故障，这时登录往往会失败，这样就可能因“贻误战机”而错失买入或卖出的良机。同时开通电话委托，就可以弥补网上炒股的这种缺陷，不至于贻误时机。

（4）不要太相信系统数据。

数据有时也会骗人。由于券商网上交易系统数据统计方式有差异，常导致交易统计的成本有所偏离，如果利用交易系统的查询选项来查看股票认购的成本，或者股票市值等，有可能得出不准确的答案，因此不要过于相信系统数据。在查看股票盈亏时，应以券商交割单给你提供的实际信息为准。

（5）关注券商的安全措施。

为了更好地服务客户，增加网上交易的安全性，很多网上证券公司采取了一些安全升级措施，如连续三次输入错误密码，将会导致账户自动冻结。要想重新使用，需要客户携带身份证等有效证件，到所开户的营业部柜台作解冻申请。因此，在于券商打交道时，要多关注券商的举措，以便更好地合作。

（6）做好防黑防毒工作。

网络从来都不是一块安全地，黑客猖獗，病毒横行，如果你的电脑一旦被黑，或者遭到病毒侵入，那么轻者机器瘫痪，数据丢失，重者信息被盗、篡改，对于股票投资来说，后果不可谓不严重。为了保证你使用的机器和网络不受病毒的侵害和黑客的骚扰，安装必要的防黑防毒软件是必备的措施，而且还要定期升级。

（7）关注券商和网络公司的优惠举措。

网上炒股的流行获得了券商以及互联网公司的青睐，对于证券公司来说，网上炒股降低了它们的交易成本；对互联网公司来说，网上炒股增加了它们的用户资源，为了获得客户资源，两者经常开展多种优惠措施。对投资者来说，应该多关注这种优惠举措，以降低自己的交易成本。

(8) 不慎丢失要注意及时挂失。

如果你不慎弄丢了股东卡或者其他相关证件，千万不要大意，一定要及时到所开户的证券营业部办理挂失手续，以防造成不必要的损失。

一本书读懂
投资理财学
个人投资理财全攻略

第五章 让专家帮忙赚钱
——基金投资

股票投资风险大，优秀品种难寻觅，而期货风险更大，此种情况下，不妨选择基金投资，专业人士层层把关，收益说得过去，风险可控，而且门槛较低，十分适合投资者作为踏入投资世界的第一步。

Read a book learnig in
INVESTMENT AND FINANCING

基金投资就是让专家帮你赚钱

让专家帮你赚钱实际上是一种新兴的理财方式，这种方式就是基金投资。举例来说，如果你有一笔现金想通过投资来使其保值增值，但是你一无时间二无精力三无技术，财力也不充裕，于是你想办法拉了一些人合伙出资，并雇佣了一个懂行的人来管理、投资这些资金，这就形成了原始基金。

如果这种合伙投资的活动获得了相关部门的审批，允许其管理机构可以面向社会大众募集资金，进行投资活动，获取利润后再按各人的出资比例获取投资收益，这就是发行公募基金，也就是现在所说的基金。

从这个论述中，可以得出基金投资的不严格表述，就是指将许多小额投资人的资金汇集起来，以信托或者契约的形式交由专业机构进行投资，然后再按照各人的出资比例获取收益的一种投资形式。

简单来讲，基金投资就是投资者把自己的钱交给专业团队，专业人士统一管理并将其投资于股票、债券、外汇等金融证券，以达到资金保值增值的目的。从本质上来看，它属于一种间接的利益共享、风险共担的证券投资方式。

基金有许多种类，根据不同性质，可分为封闭式基金、开放式基金、成长型基金、收益型基金、股票型基金、债券型基金、货币市场基金、主动型基金、被动型基金、ETF、LOF、伞型基金、对冲基金等，人们平常所说的基金主要是指证券投资基金。买不同的基金，就相当于把钱交给了不同的管家。

一般来说，证券投资基金是通过汇集众多投资者的资金，交给银行保管，由专业的基金管理公司负责投资于股票和债券等证券，以实现保值增值的一种投资工具。

相对股票、期货等投资方式来说，基金投资要相对稳健，风险较低，而其收益也绝对说得过去，一般情况下还会略高于直接参与股票交易的投资者，具体来说，它有如下的好处：

（1）专家组团管理、投资。

这是基金投资的最大特点。基金管理机构会组成一个阵容庞大的专家团队来对基金进行管理、投资。专家一般都具有深厚的投资分析能力以及丰富的实战经验。用科学的方法研究股票、债券等金融产品，进行组合投资。这样，就使投资的回报率大大增强。

（2）组合投资，降低风险。

基金公司具有雄厚的资金实力，可以进行组合投资，将资金分散投在不同领域的不同产品上，这样就大大降低了整体的风险性。

（3）投资、保管分开，安全性更强。

基金管理人通常只负责基金的投资操作，而不直接负责基金财产的保管，基金财产的保管由独立于基金管理人的基金托管人负责。两者之间相互制约，相互监督，这样很大程度上避免了“贪污”的事件发生，使投资者的资金安全性更高。

（4）监管严格，信息透明。

在我国，基金公司的基金业务要接受中国证监会的严格监管，证监会对各种有损基金投资者的不法行为要进行严厉打击，同时，还强制要求基金公司要对其业务进行信息披露，这样就在法律层面保护了投资者的合法权益，增强了投资者的投资信心。

（5）投资起点低，费用低廉。

投资基金起点较低，通常，1000元就可以进行投资，同时，手续费也比较低廉，税收也享有优惠，比如货币基金就免收5%的利息税。这样，就更有利于投资者投资，也更容易激发起投资者投资基金的热情。

基金投资流程不复杂，选好基金品种，然后进行基金认购或者申购，想卖出时进行赎回就可以。在基金认购期可以多次认购基金。通常，投资者拿到代销机构的业务受理凭证意味着业务被受理，但业务是否办理成功还须以基金管理公司的注册登记机构确认为准。一般在T+2个工作日才能查询到自己在T日办理的业务是否成功。

在赎回方面，基金管理公司规定，同一投资者在每一开放日内可以多次赎回，也可以部分赎回，当然各个基金都有规定持有份额的最低数量。

基金投资的前景是美好的，有人计算过，如果在巴菲特的伯克夏基金刚刚成立时投资10000美元，以后也不用追加，那么13年后，回报将达到30万美元，资产整整翻了30倍。

当然，任何投资都是有一定风险的，投资基金自然也要承担一定的风险，只不过风险没有股票、期货那么高而已。总之，综合来看，基金投资可以说是普通投资者一种较为理想的投资理财方式。

选择基金，要考察这几方面因素

购买基金是基金投资极为关键一步，直接关系到投资的成败，但购买基金不像去超市买东西，买东西你可以在众多的同类商品中精挑细选，挑肥拣瘦，最终多半会买到自己满意的商品，而选择基金则要复杂得多，它需要你兼顾到很多方面，还要考虑到它的变化，举例来说，如果你通过考察某基金一周、一个月，甚至是一年时间内的业绩，认为它的表现良好，于是你购买了它，希望它能为自己赚到大钱，实际上，也不是没有这种可能，但是也很有可能在你买到手后，它的价格就开始下跌，最后让你遭受严重损失。投资市场就是如此善变，这也是它的重要特征，正因为如此，投资才要小心又小心，谨慎又谨慎。

投资者一定要明白的是，不管哪只基金过去业绩有多辉煌，那只能代表“曾经”，代表不了将来，因此对各种基金排名，只适宜将其当作选购的参考，而不能当作主要依据。另外，每个人的财务情况各有不同，那些“榜上有名”的基金未必就适合你，因此，购买基金还需要从实际情况出发，多方面考察，综合对比，才可能选到适合自己的品种。一般情况下，在选择基金时，需要考察下列几方面：

（1）弄清基金品种。

根据风险大小，基金大致可分为股票型基金、指数型基金、债券型基金、平衡型基金、货币型基金。这些不同类型的基金预期的报酬与风险是不同的，从高到低依次排序为股票型、指数型、平衡型、债券型、货币型基金。

其中，股票型和指数型基金风险最高，同时收益也最高，适合能承担较大风险的投资者投资；货币型基金风险最低，但收益率也最低，适合承受风险能力较小的投资者投资。根据自己的投资预期及风险测评结果，从中选定适合自己的基金品种或基金组合。

（2）要系出“名门”。

虽然不能说好的基金品种全部都出自好的基金公司，但是相对而言，好的基金公司确实拥有更多的客户群、更充足的资金，更强大的市场影响力，更完善的基金产品线，因此，投资者可关注最近几年的基金公司的排名，优先选择排名前十的基金公司。

好的基金公司通常具有资产规模大、创新能力强、产品线齐全、口碑好、业绩好的基金多种特征。每年基金公司评级机构都会对基金公司进行评级排名。在对这些基金公司进行考察时，可从这几方面入手。

（3）选一个好的基金经理。

基金经理的操盘资历、从业背景、选股理念、操作技巧都会影响基金的绩效，事实也证明，那些经过牛熊周期“洗礼”的基金经理，从长期来看，业绩会表现得更加平稳，所以，为了增大投资胜算，还是很有必要精心选一个优秀基金经理人的。可以到各个基金公司网站上去查询该基金经理人的资历与其他信息。

（4）看风险系数。

基金的风险系数是评估基金风险的指标，通常是以“标准差”“贝塔系数”与“夏普指数”三项来评估的。粗略来说，“标准差”越小，波动风险就小：“贝塔系数”小于1，则预示风险就小；“夏普指数”越高，表示基金在考虑风险因素后的回报情况就越高，也就是对投资者越有利。

（5）看基金费率。

投资自然是为了获取投资分红。在基金运作过程中，或者基金产品设计之初就兼顾了基金的短期收益，所以，考虑基金的申购和赎回的成本就显得很重要，相对较低的申购和赎回费用，对基金的短期投资者来说无疑是有利的。

（6）看基金与大盘的走势对比。

通过对基金与大盘的长期走势趋向比较， 可以看出基金与大盘的“孰强孰弱”，另外，通过比较基金走势的波动幅度还可以看出基金的长期绩效。如果某基金的高低点都比大盘的波动剧烈，那么表示该基金的波动比大盘大，风险也就相对较大；如果该基金的高低点比大盘小，就表示该基金的风险相对较小。

通过对这几方面的考察，就会较为清楚地了解到基金的情况，然后再结合自己的实际情况，就会较有把握地选出让自己满意的基金。

搭配见奇效，优化基金投资组合

虽然基金投资本身就是一个分散风险的过程，但是由于不同基金有不同的风险，所以，对于那些资金充裕者，仍然有必要同时选择多只基金投资，以分散投资基金的风险，实际上，这也就是要求投资者要学会优化基金投资组合，这不仅仅是分散投资风险的需要，同时，也有利于提高投资的回报率。

那么如何进行基金组合才算优化组合呢？换一句话说，如何进行基金组合才科学合理呢？可从以下几方面进行：

（1）不同投资风格基金组合。

在同样的市场条件下，不同投资风格的基金差异性比较大，可以选择不同投资风格的基金进行投资组合，这样可以相互补充，但是最好不要选择同一家基金管理公司的产品进行这种投资组合。

（2）不同投资方向基金组合。

基金市场上经常有这样的现象发生：当股票市场很好时，债券市场则萎靡不振，相反，债券市场很好时，股票市场则不太景气，呈负相关，所以可以将股票型基金和债券型基金进行投资组合。另外，一些基金投资的方向比较集中，一些则比较分散，可以将投资热门的基金和投资冷门的基金进行投资组合。

（3）要有一个核心组合。

投资组合中一定要有个核心组合，而且核心组合中要有一些主流基金。应选择那些业绩稳定的优势基金公司的基金组成你的核心组合，这样可以在一定程度上保证你的投资收益。

（4）要有省力又省钱的指数基金。

指数基金通过将资金按照目标指数所包含的样本个股权重进行分散投资实现对指数的复制和收益的分享。以往数据表明，市场低位时意味着配置指数基金的理想时机到来，市场一旦转暖，指数基金将给投资者带来较大收益。所以在你的投资组合中，应该有股票市场的指数基金。

（5）不将同类型基金组合。

同类型基金组合在一起是没有意义的，而且如果同类型基金组合过多，组合就失去了平衡，市场风险也随之增大，同时，也阻碍你投资目标的实现，所以不要将同类型基金进行投资组合。

（6）熊市时的投资组合。

熊市的时候，市场交易一片惨淡，这时期的基金投资组合要本着低风险、高安全来进行。稳妥起见，可做这样的组合，持有货币、债券基金的比例要超过90%，以保证本金安全，再稍有一些收益。其余部分可配置一些股票型基金，或者指数型基金，来进行抢反弹操作。

（7）牛市时的投资组合。

牛市时，市场一路飘红。此时基金投资组合可包含四只基金。第一只基金为被动型基金，以保证最大程度获得收益。第二只基金为成长型基金，追求一个长期稳定的收益。第三只基金为中小盘基金。持有中小盘基金主要是看中它的高成长性，希望它在将来能异军突起，创造一个奇迹。第四只基金为债券型基金。持有债券型基金主要是以防万一，防止行情突变被套牢，而且收益率也不低。

（8）盘整时的投资组合。

盘整时，价格变动幅度较小，行情比较稳定，最高价与最低价相差不大，这个时候多观望，少操作，如进行投资组合，要遵循以防御性配置为主的原则，可以将一些大盘蓝筹基金和一些货币型基金组合在一起，少买指数型基金和股票基金。很多蓝筹基金在行情盘整的时候，能够逆势而上，创造新高。

（9）中级调整时的投资组合。

牛市中级调整是很可怕的，行情波动剧烈，从大幅上涨变成大幅下跌，成交量锐减，这个时候以观望为主，少操作，如果要进行基金投资组合应以避险保安全为主，可以将货币型基金和债券型基金进行投资组合，最好不要配置股票型基金。

熊市中级调整很复杂，总的来看，可能会有上涨行情，但是往往时间很短，这给操作带来一定的难度，所以安全起见，基金投资组合还是以货币基金和债券基金组合为宜。

把所有的鸡蛋都放在一个篮子里是投资的一个大忌讳，是赌徒孤注一掷的体现，投资应是智慧的反映，所以在进行基金投资组合时，我们要发挥智慧的作用，认真研究市场、行情、投资对象以及它们之间的各种关系，努力使它们的搭配更加科学、合理。

基金定投，懒人理财的最贴心设计

所谓的“基金定投”就是定期定额购买基金的简称，其形式类似于银行的零存整取的业务。具体操作就是选择好一只基金，然后向代销该基金的银行或证券公司提出申请，选择每月投资金额和扣款时间以及投资期限，再办理相关手续，之后就不用再去管理，只需保证每月在相关联的银行卡上有足额的扣款即可。承担业务的银行会定期从绑定的银行卡里面划去约定好的购“基”资金。省时省力，方式简单，因此获得了懒人理财的“美誉”。

总体来看，基金定投有下列好处：

(1) 起点低。

基金投资方式有两种，一种是单笔投资，一种就是基金定投。单笔投资通常申购的起点金额为5000元，而基金定投申购起点金额要低得多，每月几百元，目前，工行的基金定投业务最低申购额为每月200元，投资金额差为100元人民币；农业银行和邮政储蓄银行基金定投最低申购额为每月100元；招行基金定投最低申购额相对高一些，但也只有每月500元人民币。这样，就不必筹措大笔资金购买，每月运用生活必要支出外的闲置资金就可以投资，不会造成经济上的额外负担。

(2) 成本低。

通常情况下，普通投资者对何时介入投资一直很头疼，经常是看了又看，想了又想，最后好不容易出手，还往往在市场高点买入，在市场低点卖出，结果付出和获益不成比例。而基金定投则很大程度上避免了这种结果的出现，因为不论市场行情如何波动，每个月固定一天定额投资基金，自动依基金净值计算可买到的基金份额数，这样，资金是分期投入的，投资的成本有高有低，长期平均下来比较低，有效地降低了投资成本。另外，由于追求的主要是长期效果，所以对于从何时介入就显得不那么重要了。

（3）风险低。

基金定投中，当股市在盘整或是下跌的时候，由于分批承接，反而可以越买越便宜，股市回升后的投资回报酬率也胜过一次性投资。长期看股市呈现震荡上升的趋势，因此投资的期限越长（3年以上），相应的风险越低，也就是说获利性更大。一项以台湾地区权股价指数模拟的统计显示，基金定投在10年左右，亏损的几率接近于零。

实际上要实现基金定投成本低、风险小的优势，要有一个前提，那就是要选择一只高弹性的投资品种，货币基金以及债券型金的净值曲线几乎是平着向上的，定投无法显著降低投资成本，单笔投入和定投投资效果也相差甚微，所以对其定投意义不大。适宜定投的是波动性较大的股票型基金、指数基金以及混合型基金，特别是指数型基金更适于作长期基金定投。

（4）复利收益。

基金定投的收益为复利收益，本金所产生的利息会加入本金中继续衍生收益，即利滚利效应。随着时间的推移，复利效果越明显。而基金定投的复利效果则需要较长时间才能充分展现，从这个角度上说，基金定投亦要长期持有。只要长线前景看好，市场短期下跌反而还可以累积更多的基金份额，一旦市场止落回升，长期累积的单位数的收益就很为可观了。

（5）手续简单便捷。

正如上面所讲的那样，投资者只需选择好一只基金，然后到代销该基金的银行或者证券公司提出定投申请，定好投资金额、扣款时间以及投资期限，然后办理相关手续，之后的事就交给银行和基金公司去处理，你只需保证定期扣款时绑定的银行卡里有足额的扣款就可以了，省去了去银行或者其他代销机构办理的时间和精力。

除了去银行和证券公司办理外，投资者也可以自己在网上自助办理所有交易，如设置申购日、投资金额、投资期限、赎回日期。此外，网上银行还具备账户查询、余额查阅、净值查阅等功能，投资者可以足不出户，就可轻松完成所有交易流程。

最后要说的是，基金定投虽然有一定的优势，但是由于它没有脱离基金投资的范畴，所以它并不能避免基金投资的固有风险，也不能保证投资者一定能获得收益，更不能替代储蓄的等效理财方式。基金定投所面临的风险主要有市场风险，如定投股票基金的风险来自于股市的涨跌。还有投资者本身自己的原因，如没能保证被绑定银行卡内有足够的资金，导致银行扣款不成功而遭受损失；操作失误，主要是将基金定投视为短期获利的工具，而追涨杀跌，导致定投的功效不能发挥。

总之，基金定投虽好，但也要遵照它的特点，努力发挥它的优势，而不能罔顾实际，恣意蛮干，那样，只会让本来美好的事情变成一件糟糕事，得不偿失不说，还会败坏了投资的心情。

最“亲民”的基金——货币基金

什么是货币基金？货币基金也就是货币市场基金，它是基金家族中非常重要的一类，也是非常“亲民”的一类基金，它是将货币市场工具作为投资对象的基金，主要投资对象包括中央银行票据、商业汇票、短期国债、银行定存和大额转账的账单以及银行承兑汇票，或者政府机构发现的其他短期债券等。

为什么说货币基金最“亲民”呢？主要是因为投资货币基金有着很多接地气的好处。首先它有很高的安全性。说它安全性高就是因为它投资的多是期限在一年之内的国债、央行票据、债券回购以及银行大额存单等低风险证券品种，这就决定了货币基金在各类基金中风险是最低的，这也就保证了投资资金的安全。

在保证安全的同时，货币基金还能保证一定的收益。通常，投资货币基金，按天计息，投资者只要存一天钱，货币基金就会给你一天的收益，而且是按照复利计算的（银行是按照单利计算的）。每个月还都有分红（也有按天分红的），同时，分红免收所得税。总体来看，收益要高于银行储蓄，再加上其高安全性，所以有人将它替代银行储蓄。

当出现通货膨胀时，银行利率通常会很低，甚至可能出现负值，这种情况下，货币基金可以及时把握利率变化及通货膨胀的趋势，获取稳定的收益，这样在与通货膨胀相抗衡中，成为抵御物价上涨的有力工具。

货币基金投资成本很低，按照我国相关规定，买卖货币基金一般都免收手续费，免收认购、申购和赎回的费用，只收托管费、管理费和消费费用，而这些费用又很低，一般在3‰和5‰之间。

投资货币基金还有一个很方便的地方，就是它富有流动性，其流动性可与银行活期存款相媲美。通常，一般货币基金赎回两三天资金就可以到账，即T+2日资金就可以到账，而其他基金则要多花几天才能到账。

另外，很多货币基金还可以与该基金管理公司旗下的其他开放式基金进行转换，高效灵活，费用低廉。在股市好的时候，可以转成股票型基金，债市好的时候可以转成债券型基金，当股市、债市都遭遇困境的时候，货币基金则可以成为资金良好的避风港，这样，增大了投资者在股市、债市和货币市场的转换、利用资金的机会。

货币基金每份单位面值一直保持为1元，超过1元后的收益将会按时自动转化为基金份额，拥有多少基金份额也就相当于拥有多少资产，清晰明了。但是其他类型的开放式基金则没有这个便利条件，通常份额不变，单位净值增加，也就是说投资者实现收益的方式只能是依靠该基金每年的分红。

总之，在基金家族中，货币基金是较为特殊的一种，性价比也很高，适合一般投资者投资。但面对众多的货币基金品种，很多投资者看得眼花缭乱，不知道该如何选择，不妨借助下面四个指标参考抉择：

(1) 看收益率。

既要看当前的收益率水平，也要看之前的收益率水平，另外，还要看其业绩在基金中的名次。一般来讲，如果能够占到排名前30或50就有选择的价值。

(2) 看基金的规模。

有的投资者认为基金公司规模大，实力雄厚，值得信赖。而有的投资者则认为基金公司规模小好，船小好调头，应对市场风险及时，实际上，这两种观点都绝对化了，要一分为二看这个问题。

在货币市场利率下降的情况下，选择规模大的货币基金，投资收益上涨的空间更大。而在货币市场利率上升的情况下，要选择规模适中的基金更有利于收益率的提高。

(3) 看收益率波动情况。

收益的稳定以及可持续性对投资者来说是非常重要的，所以，要选择收益率比较平稳的，也就是说要选择收益波动幅度小的基金。

(4) 看宏观利率走势。

国家的一些经济政策，如央行的货币政策以及回笼资金的力度，必然对货币市场利率产生较大影响，而货币市场利率有了波动，也必然要影响到货币基金收益率，所以，要时刻关注国家出台的相关宏观调控政策，判断宏观利率的走势，以帮助自己正确选择基金品种。

活用货币基金，无缝对接增收益

由于货币基金极具接地气性：门槛低、风险适中、收益稳定、流动性强、省心省力，因此，一直深受普通投资者和消费者的青睐和热烈欢迎，是最为“亲民”的一种基金。实际上，货币基金确实能担当起这个荣誉，到目前为止，除了货币基金外，还没有一个金融产品能将理财、消费完美地结合在一起，事实上，货币基金还能进一步和其他一些理财、消费形式相结合，达到巧妙增加收益的目的。

(1) 货币基金和传统储蓄无缝对接。

货币基金收益相对稳定，而且要比活期储蓄收益高出几倍，因此可以把银行中的活期储蓄转移到货币基金中，既可像活期存款实时赎回，也可按日享受投资收益。

举例来说，某工薪家庭每月要还房贷1800元，再加上水电费等费用，每月支出大约3000元。为了省事，该家庭在每年的年初一次性在借记卡里存入4万元，以供还房贷和生活费用支出。

按照科学的理财观来看，这种投资消费的方式显然是不对的，方便倒是方便，但钱以活期储蓄的方式放入银行，收益太低，实际上，完全可以借助货币基金实现投资与消费的无缝对接，具体操作方式如下：a.将这笔钱的大部分通过网上银行购买货币资金，在每个还款日的前两天卖出适当金额的基金，这样既可以如期还款，又可以享受到多出活期储蓄几倍的收益。b.利用“定期定额赎回”业务。每月留下生活费用后，将其余的钱购买货币基金，再在基金公司网站办理“定期定额赎回”，设定在每月还款日的前一两天，自动赎回货币基金1800元，这样也既能如期还款，同时亦能享受基金投资收益。c.利用银行理财账户服务。简单说，就是利用银行服务对账户设定3000元为发起申购余额，将每月高于3000元的部分用于自动申购指定的货币基金。

(2) 货币基金巧搭配信用卡使用。

大多数信用卡都有一个免息期，目前信用卡最长免息期为55天，最短也有20天左右，大可以在享受这最长55天的免息期内，将资金用来购买货币基金，等到还款的前一两日再赎回还款，这样既没有耽误消费，也享受到了高收益，何乐而不为呢！

另外，各银行对于刷信用卡消费大多都有积分换奖品或抽奖等活动，所以强烈建议采取用借记卡购买货币基金，用信用卡刷卡消费的新生活方式，在正常消费的同时能够获得更多的收益以及额外的收获，真是一举三得。

需要提醒的是，采取活用货币基金增加收益方便生活的策略中，选购货币基金要尽可能挑选那些规模大、资金实力雄厚的基金公司，一方面由于其有较强的议价能力，另一方面因其拥有充足的资金能提前垫付，可以实现T+0的到账保证，从而可以保障自己的理财计划顺利进行。

基金不是股票，勿把基金当股票炒

基金不是股票，不是拿来炒的，但是却偏偏有一些投资者将基金当作股票来“炒”，在净值下跌的时候申购，在净值上涨的时候赎回，结果把自己折腾得身心疲惫，还没赚到钱。

虽然多数基金的投资对象仍是股票，但基金毕竟不是股票，两者有着本质不同。股票是一种所有权凭证，投资者购买某只股票后就成为了发行这只股票公司的股东。股票投资筹集的资金主要投向实业领域。而基金是一种受益凭证，投资者购买某只基金后就成为这只基金的受益人。基金投资所筹集的资金主要投向包括股票在内的有价证券等金融工具。

通常情况下，股票的价格波动较大，收益也很高，属于一种高风险、高收益的投资品种，而基金则不同，它强调长期与股市一起成长，价格远没有股价那样波动剧烈，再通过组合投资，使投资对象分散，更是有效降低了风险，稳定了收益，总体来看，属于一种风险适中、收益相对稳健的投资品种。

基金属于长期理财的有效工具，长线是金，短线是银，这是每一个基金管理人都会对基金投资者说的，如果像买卖股票那样频繁地买卖基金，即便是一个很有专业水准的投资专家，也难以成功把握住每一个波段，从而有可能踏空行情而错失基金业绩大幅上涨的机会，当然也有可能造成亏损。

另外，从国内外的历史数据来看，几乎没有一只基金可以把一个很高的净值增长率保持下去的，从这个角度来看，预测下一个季度或者下一年哪个基金会胜出，是很不靠谱的，具有很大的风险性，也就是说基金投资的收益依靠短期实现具有很大的风险性。

经常有这样的事情发生：很多投资者在投资一只基金后，每天都在关注该只基金的涨落，心情也跟着起起落落，一旦该只基金在短期之内表现不如人意，就选择立即赎回，可是没想到刚赎回，这基金就涨了。显然，这是目光短浅、缺乏远见、急功近利的结果。

基金中，除了货币型基金外，其他基金品种，购买、赎回的手续费相对较高，因此，基金投资也不能沿用股票投资那种高抛低吸、波段操作、追涨杀跌、短线进出、见利就走的思路，如果那样操作的话，最后算下来多半是投入和收益持平，甚至还可能会略有亏损。

稍大规模的基金公司旗下都会有货币基金、股票型基金、指数基金、债券型基金等。如果一段时期内，基金的收益真的不好，可以进行基金转换，就是把某个基金按照当时的价格转成其他基金，如在股票市场低迷的时候把股票型基金转换成货币型基金以躲避风险。

基金转换适宜在同一个基金公司下进行，因除货币型基金外其他基金的申购和赎回都有相对较高的手续费，转换会造成很大的损失。而基金公司为了不让投资者的资金流失出去，通常对本公司投资者的基金转换收取相对较少的手续费，所以基金转换适宜在同一个基金公司内进行。

综上所述，可见把基金当作股票拿来炒，是不符合基金产品性质的，是不理智、不聪慧的行为。所以，当你经过精挑细选，购买基金后，在不出现重大意外的情况下，应结合自己当时的财务状况，观察市场的阶段走势，尽量进行长期投资，这才是理智的选择。

基金投资者应抱着投资商铺的态度去对待基金交易。为什么这么说呢？一般情况下，投资者买下商铺后，只要具有相对稳定的租金收入，即便商铺的价格上涨了，他也不会轻易将商铺卖掉，毕竟金蛋固然喜人，但也没有一只能下金蛋的母鸡更诱人。作为一种长期理财的有效工具，基金也可以给持有人带来持续的现金收入，这样的话，又何必频繁地申购、赎回呢？

投资者要有一个好的心态，要做到：不以涨喜，不以跌悲，尽量把专业的事交给专业人士去做，自己只需静等结果就可以了。

第六章　做稳赚不赔的“债主”
——票据投资

票据投资的风险较小，收益相对稳定，而且具有较好的流动性，这些优点在投资风险日益加大的今天，更为投资者所注重和青睐，正因为如此，票据投资才更具有现实意义，很适合“菜鸟级”的投资者。

票据理财缘何备受追捧

先来了解一下票据，票据的定义是指出票人依法签发的由自己或指示他人无条件支付一定金额给收款人或持票人的有价证券，广义的票据包括各种有价证券和凭证，如股票、企业债券、发票等。狭义的票据仅指以支付金钱为目的的有价证券。由此，属于票据的有：汇票、本票、支票、提单、存单、股票、债券等等。

在了解票据为何物的基础上，再来了解一下票据理财。票据理财是指需要融资的企业，以银行发行的承兑汇票作担保，向广大投资者筹集资金，并在承诺的期限内给予投资者所约定好的丰厚回报。银行发行的承兑汇票是票据理财的灵魂，没有了它，票据理财就是一句空话。

“低风险”“低门槛”、“高收益”是票据理财吸引投资者的地方，正是因为有这些好处，才使得票据产品成为“香饽饽”，吸引投资者抢购。

（1）优势1：低风险。

低风险是指筹资人最终是以银行兑付的资金作为还款来源，归还投资者的本金和利息。在票据为真的情况下，除非银行倒闭，否则很难出现逾期或坏账情况。所以投资者对票据的信任，实际上是源于对银行的信任，特别是大型银行开具的承兑汇票，对投资者来说更具有诱惑力，也容易激发投资需求。

（2）优势2：低门槛。

低门槛是说票据投资起点比较低，一般在千元左右，最低的产品1元起投，可以说人人都投得起。只要能随时关注了解产品信息，及时出手，就能加入到票据理财的大军。

（3）优势3：高收益。

高收益是票据理财优势的重中之重，在“宝宝”类产品风光不再的时候，票据理财产品横空出世正好弥补了这个空缺，而且其收益比“宝宝”类产品只高不低，平均年化收益率多维持在5.5%～10%之间，有些甚至高出10%，在保证绝对安全的情况下，这种收益是十分诱人的。

(4) 优势4：周期短。

除了安全性高、低门槛、收益丰厚的优势外，票据理财还有其他一些较为明显的优势，如票据理财投资期限相对较短，期限一般是一月到一年不等，可供选择的余地比较大。

正是因为具有这么多优势，所以票据理财一上线，就立即受到众多投资者的追捧，京东曾推出票据理财产品“小银票”，预期年化收益率为5.8%～7%，投资起点金额设置为100元。就在发布当天，110款产品就被迅速“抢空”。

类似的情形还有，新浪微财富发布的金银猫票据理财产品，发布不到10分钟，也被投资者迅速“抢空”。阿里、淘宝、苏宁曾推出过年化收益率高达8%，甚至近10%的票据理财产品，每次都几乎遭到“秒抢”。由此可见票据理财产品受追捧的程度有多火爆。

起点低、收益高、风险低、期限短，这些特点无一不迎合了投资者的理财需求，因此受到投资者，特别是资金量大且对资产流动性要求较高的投资者的欢迎。

一般来说，人民币票据理财产品的发行规模受银行汇票票源的限制，每期发行规模都比较小，往往产品一经发售一般都会在很短的时间内被“抢购一空”，所以想投资人民币票据产品的投资者密切关注银行发布的各类理财产品信息，以便在第一时间购买。投资需求大的投资者可以事先在银行开立VIP账户，通常情况下，银行会优先满足VIP客户的投资需求，这样就能“先下手为强”。

三招选到最优票据理财产品

票据产品理财看上去挺美，但要切实选到好的票据产品，这种“美”才能真正“绽放”，才能让实惠真正到手。那么如何才能切实选到最优的票据理财产品呢？下面告诉你三招，这三招就可以帮助你淘选到最优的票据理财产品。

（1）第一招：选对平台。

票据理财平台主要分三类：一类是以阿里招财宝、京东小银票为代表的互联网平台；第二类是银行系平台，如平安银行小票通、民生易贷；第三类是专业票据理财平台，如金银猫、票据宝、投储在线等。

这三类理财平台各有其特点：银行系平台安全性最高，最靠谱，因为最终融资者给投资者的本金利息都来自于银行出具的汇票，从这个角度上看，与其说投资者看重的是票据，还不如说看重的是出具票据的银行。正因为如此，虽然银行系平台推出的票据产品收益相对要低，但还是获得了谨慎投资者的热烈欢迎，拥有强大的市场。

互联网系平台较为突出的特点是便捷，实际上，多数互联网平台自身并不开展票据业务，也没有资源优势，不过由于其背靠大型互联网公司，有着较强的流量优势，凭借大众对它们的熟知度，做起票据销售业务得心应手。它们业务的便捷性表现在购物和理财一手抓，就是只要登录它们的网站之后就可以参与票据产品的投资，不用再次设定支付密码以及绑定银行卡，算是一种购物行为。

除了购买便捷外，互联网系平台推出的票据理财产品种类比较丰富，可以给投资者以更多的选择机会。年化收益率一般在6%～7%之间。

专业票据系平台的主要业务就是票据理财，因为专注，所以拥有优势。专业票据系平台做票据理财的优势有两点，一点是票源相对充足。这是因为平台在寻找票据项目方面付出较多时间和精力。第二点是收益比较高。这一点是专业票据系平台吸引投资者最主要的地方，但相对风险较大。

上述三种票据理财平台各有千秋，至于在哪个平台购买，就要看各自的需求了。总的原则是选择规模大、实力雄厚，与大银行合作的票据平台，或者是知名银行。

(2) 第二招：考察产品情况。

票据产品情况关系到后续的产品兑付，所以一定要提高警惕，不能马虎大意。可通过四点对票据产品进行考察。

a.看票据来源。票据来源十分重要，关系到日后现金能否顺利兑付。在票据产品的信息上，一般都明确写有开具汇票的银行。看这个银行是否具有实力，择优选择具有实力的大银行。

b.看产品投资期限。票据理财产品的期限从一个月到一年不等，通常投资期限越长，风险越高，但收益也相应越高，反之投资期限越短，风险越低，但是收益也相应降低。在选择时，可根据自身实际情况进行选择。从安全角度出发，应尽量选择相对期限短的产品。

c.看收益。虽然投资者都喜欢高收益，但一定要带着理性的心理去对待。票据理财产品的收益一般不会超过10%，因此对收益率超过10%的产品一定要提高警惕，不要被利益冲昏头脑。

d.看票据是否完整。投资票据产品后，投资者会拿到到期兑现的票据。对于兑现票据，一定要仔细查看，看票面是否完整，不要有残缺，而且票面上不要有污损。票据一定要完整，无污损，否则银行可能以不完整或有污损，拒绝给你兑付现金。

(3) 第三招：确定起息日。

理财产品往往有一个募集期，募集期与起息日是两个不同的概念。

募集期就是销售产品的时期，而起息日是投资期限开始的时间。募集期是没有收益的，收益是从起息日开始计算的。

有的平台为了吸引更多投资者，往往哄抬预期年化收益率，导致募集期变长，客观上造成投资者的起息日延后，让投资者收益受损。更为严重的是，如果因种种原因项目失败，那么投资者的钱就白投了，没有任何收益。所以，在投资时，一定要确定产品的起息日，不要没弄明白就稀里糊涂地将钱投进去，造成不必要的损失。

做债券投资要注意的三个关键词

先说一下债券，债券属于一种金融契约，是政府、金融机构、工商企业等直接向社会借债筹措资金时，向投资者发行，同时承诺按一定利率支付利息并按约定条件偿还本金的债权债务凭证。由于债券的利息事先是约定好的，所以债券投资的收益具有稳定性。

按发行主体的不同，债券可分为国债、地方政府债券、金融债券、企业债券。每种债券都有自己的特点，对投资者来讲，他们更关心的是投资债券的回报。

很多分析债券投资的文章，或者媒体提供债券收益指标时，有一些词出现的频率很高，它们对理解、分析债券投资的行情有着至关重要的作用，称得上是债券投资的关键词。投资者要懂得这些投资关键词的含义，这样才能更好地进行债券投资。下面就对这些关键词进行解读一下：

（1）久期。

“久期”是关于债券平均有效期的一个测度术语。以未来时间发生的现金流，按照目前的收益率折现成现值，再用每笔现值乘以现在距离该笔现金流发生时间点的时间年限，然后进行求和，最后以这个总和除以债券目前的价格得到的数值就是久期。

一般来说，“久期”和债券的到期收益率成反比，和债券的剩余年限及票面利率成正比，但对于一个普通的附息债券，如果债券的票面利率和其当前的收益相当的话，该债券的久期就等于其剩余年限。而当一个债券是贴现发行的无票面利率债券，那么该债券的剩余年限就是其久期。

债券的“久期”越大，利率的变化对该债券价格的影响也越大，因此风险也越大。在降息时，“久期”大的债券上升幅度较大；在升息时，久期大的债券下跌幅度也较大，因此，投资者在预期未来升息时，可选择“久期”小的债券。

就目前情况来看，在对债券投资行情的分析中，“久期”似乎已经超越了时间的概念，而更多地被用来衡量债券价格变动对利率变化的敏感度，在经过一定的修正后，能更为精确地量化利率变动给债券价格造成的影响。一般来说，修正“久期”越大，债券价格对收益率的变动就越敏感，收益率上升所引起的债券价格下降幅度就越大，而收益率下降所引起的债券价格上升的幅度也越大。可见，在同等要素条件下，修正“久期”小的债券要比修正“久期”大的债券抗利率上升风险能力强，但抗利率下降风险能力较弱。

当投资者在进行大额资金运作时，在判断清楚以后的利率走势后，确定债券投资组合的久期，在该“久期”确定的情况下，灵活调整各类债券的权重，这样基本上就能达到预期的效果。

（2）到期收益率。

国债价格不像股票价格那样波动剧烈，但也不是“波澜不惊”，总体以品种多、期限利率各不相同为主要特征。投资者常常被这些信息弄得头晕脑胀，不知道该如何选择。实际上从到期收益率上就基本可以对债券的收益做出较为准确的预估。到期收益率的计算公式如下：到期收益率=〖（到期价−买进价）/持有时间+固定利率〗/买进价。

掌握了国债的收益率计算方法，就可以随时计算出不同国债的到期或持有期内收益率。同时，准确计算出国债的收益率，才能与当前的银行利率作对比，帮助自己做出投资决策。

(3) 收益率曲线。

收益率曲线是显示一组货币和信贷风险均相同，但期限不同的债券或其他金融工具收益率的图表。对债券来说，收益率曲线反映的是某一时点上，不同期限的债券的到期收益率水平。利用它可以为投资者投资债券提供很大帮助。

债券收益率曲线通常表现为四种情况：

a.正向收益率曲线。这是最常见的收益率曲线形态，它意味着在某一时点上债券的投资期限越长，收益率越高，预示了社会经济处于增长期阶段。

b.反向收益率曲线。与正向收益率曲线相反，它意味在某一时点上债券的投资期限越长，收益率越低，预示了社会经济进入衰退期。

c.水平收益率曲线。水平收益率曲线表明收益率的高低与投资期限的长短没有关系，这预示了社会经济出现很不正常的情况。

d.波动收益率曲线。这种曲线表明债券收益率随着投资期限的不同而呈现波浪变化，这预示了以后的社会经济有可能出现波动。

投资者可以根据债券收益率曲线不同的预期变化趋势，采取相应的投资策略。随着时点的变化，债券收益率曲线会各有不同。通过对债券交易历史数据的分析，找出债券收益率与到期期限之间的数量关系，最终形成有效的债券收益率曲线，这样就可以借用这条收益率曲线来分析和预测当前不同期限的收益率水平。

如果预期收益率曲线基本维持不变，而目前收益率曲线是向上倾斜的，这种情况下，可以考虑买入期限较长的债券；如果预期收益率曲线变化平坦，可以买入长期债券，而抛售短期债券；如果预期收益率曲线变化陡然，那么就要将长期债券抛售，而买入短期债券。

投资国债，既赚钱又得闲

国债是债券中非常重要的一种，是由国家发行的债券，是中央政府向投资者出具的、承诺在一定时期支付利息和到期偿还本金的债券债务凭证。

国债是一种重要的投资品种，具有以下投资优势：

（1）安全性极高。

由于国债的发行主体是国家，因此信用等级最高，出现亏损只会发生在国家破产的情况下，而这种情况发生的概率又极低，接近于零，因此国债被公认为是最安全的投资工具。最近这两年各类金融诈骗案层出不穷，这使得人们转而倾向于更稳妥型的理财方式，就我国来说，没有一款理财方式的安全性能高过国债投资。

（2）稳定的收益。

由于国债有国家的税收作为本金利息的保证，因此投资者的收益是有保障的。另外，国债的利息要高于同期银行存款利息，比如，国债3年期利率为4%，5年期利率为4.42%，而国有银行3年及5年定期存款利率低于3%，可见，国债在收益方面还是具有一定优势的。

（3）灵活性较强。

按照规定，国债在发行期内兑取是没有利息的，不满6个月提前兑取有较低的利息，已满6个月但未持有到期赎回能够享受到部分利息，总之，持有时间越长越划算。与银行定期储蓄提前支取全部享受活期利息、银行理财不可提前赎回相比，国债的灵活性算是较高的了。需要注意的是，国债提前支取要收取本金千分之一的手续费。

正是因为国债有上述的投资优势，所以获得了“金边债券”的美誉。而选择投资国债的投资者也是多半冲着国债的这些投资优势而来的。每到国债发行的日子，负责国债发行的网点、柜台经常被蜂拥而来的投资者围得水泄不通，可见人们对国债投资的热情。

记账式国债和凭证式国债是目前发行的主要国债形式，它们在发行方式、流通转让以及还本付息方面有着诸多的差别。记账式国债是无纸化发行的，它和股票交易一样，需要在证券公司开户，然后通过交易软件买卖，可以上市交易。凭证式国债是一种国家储蓄债，是用填制国库券收款凭证的方式发行的国债，需要到银行柜台去办理，从购买之日起计息，可以记名，可以挂失，不能上市流通。

受市场影响，记账式国债的价格会有波动，通常情况下，当市场预期利率上升时价格下降，市场预期利率下降时价格则上升，因此既可以持有到期获得本息，也可以“低买高卖”获得差价，也就是所谓的“炒国债”。

客观地说，与银行储蓄以及其他理财方式相比，国债投资虽然更安全，收益较高，流通性也算灵活，但投资效益总体只能说还说得过去，尚有它的不足之处，比如它的期限太少且过长，只有3年和5年期两种形式，虽然可以提前支取，但是如果持有时间过短就赎回利率会非常低，有的时候甚至会倒贴手续费。

还有，与股票、基金等理财方式比，国债投资的收益提升空间不够大，很多时候不足以抵抗通胀率，所以它并不适宜所有投资者投资。在我国，老年人是国债投资的主力军。由于老年人十分看重资金安全，而且对新鲜事物的接受程度较低，对银行以外的理财产品信任度不高，同时自身有退休金可以满足日常所需，对资金的流动性要求不高，因此他们成为了国债投资的最适宜人群。

总之，对于那些风险承受能力较低，对资金流动性要求不高，又想有一定投资回报的投资者来说，国债还是不错的投资选择。

学会选择技巧，买好记账式国债

记账式国债是以电脑记账的方式记录债权并可以上市交易的一种国债，其流通转让比凭证式国债更安全、更方便，收益与流动性都要强于凭证式国债，同时更适合做3年以内的投资理财产品。

根据投资的目的不同，记账式国债可细分为三种形式：一种是保守投资型；一种是主动投机型；第三种是保守+投机型。

（1）保守投资型。

这类型的投资主要是为了获取稳定的投资利息，比较适用于没有时间和精力对债券投资进行分析和关注，或者对债券市场缺乏必要了解的人群。这种理财方式的最大好处就是省心省力。认购了之后一直持有到期，中间不需自己做任何工作。

（2）主动投机型。

这类型的投资主要是为了获取市场价格波动带来的收益。记账型国债在发行期结束和进入市场流通后，它的价格开始了一定的波动。那些对债券市场有较深认识，对市场和债券走势有较强预测能力的投资者，在对债券市场做出判断和预测后，采取“低买高卖”的方式，进行债券买卖，从中间赚取差价。

（3）保守+投机型。

这种投资类型是前两种投资类型的结合体，一方面为了获取利息，另一方面也做着把握机会买卖以获取收益的准备。这类型的投资者多半对债券市场有一定的了解，但是没有太多的时间和精力对债券市场进行关注和分析，所以就买入债券观望，如果发现价格上涨，就将其卖出，以获取差价收益，如果没有上涨，就持有到期以获取利息收入。

这三种投资方式各有利弊，采用哪一种方式，取决于自己的投资条件。如果想稳健、安全，再加上本身缺乏对债券市场的了解，那么无疑保守型是最佳的选择。而如果对债券市场比较了解，又有时间和精力关注市场变化，又有一定的经济承受能力，那么适宜选择主动投机型。

由于记账式国债能够上市流通，所以市面上记账式国债有很多只。看着上千只国债，普通投资者不免有些眼花缭乱，不知道该选哪一只好，实际上，选择记账式国债确实需要一定的技巧，而这技巧是由专业的投资知识支撑的。通常情况下，可从下列三个方面入手对记账式国债进行筛选。

（1）在稳定期购买。

在记账式国债发行期结束和上市交易的初期，如果购买，可能会获得资本溢价收益，但也可能会遭受资本的一定损失，风险性较大。但是如果在发行期购买，就可以规避国债净值波动带来的一些风险，所以，如果条件许可，可以选择在发行期购买。

另外，记账式国债在上市交易一段时间后，价格会趋于稳定。价格稳定了，也就意味着持有期满的收益率也相对稳定。但是这个收益率是由记账式国债的市场需求所决定的，也就是说此时的价格与发行期的价格往往会有一个价格差价。投资者如果在合适的时机出手投资购买，就会有一定的收益。

（2）在利率下降时购买。

记账式国债市场利率和投资收益遵循这样的规律：如果市场利率上升，那么投资收益率也会上升，而交易价格则会下降。这种情况下，购买记账式国债的成本相对较低。反之，情况相反，这样就可以通过低买高卖获得投资回报。可见，投资者要在记账式国债市场利率下降时出手购买。

（3）在股价下跌时购买。

债券市场和股票市场形成互补关系，且存在一定的“跷跷板”效应，对国债来说，当股市下跌时，国债价格会上升，而当股市上涨时，国债价格反而会下跌。所以适宜在股价下跌时，出手购买国债。

另外，个人适宜买短期记账式国债，如果时间较长，一旦市场有变化，记账式国债暴跌的风险就会非常的大，所以安全起见，普通投资者不要买长期记账式国债。

总之，记账式国债虽然具有较高安全性，流动性也很好，但是要想真正从中获得投资回报，还是需要懂得必要的选择策略和投资技巧，然后综合运用这些策划和技巧，才能提高获取投资收益的概率。

规避债券风险，获得丰盈收益

任何投资都有风险，只不过风险有大有小而已，债券投资也一样，债券的投资风险是指投资者在预定的投资期限内，其投入的本金遭受损失的可能性。具体来说，债券有下面的风险：

（1）信用风险。

信用风险是由利息收入衍生的风险，指债券的发行人由于现金流紧张、财务危机等问题导致的不能按期还本付息的风险。如何查看信用风险的大小呢？一般以其信用评级等级作为评判的依据（我国债券在发行的时候会获得由国内评级机构给予的评级）。我国债券信用等级大致可分为A、B、C、D等级，一般来说，评级越高的债券，信用风险越低。

（2）利率风险。

投资债券主要是期望获得比市场利率更高的收益，而当银行利率发生变化时，债券的价格必然向其相反方向变化，从而就有可能造成价差损失。市场利率上调会造成债券收益降低，但这种损失具有相对性，如果投资者坚持到期满再兑换债券，他仍能获得预期收益，只不过获得的收益和现行的市场收益水平有一定的差距而已。

实际上，影响银行利率的无非是那几个因素，一是中央银行的货币政策，二是国家的宏观经济调整，再就是社会的平均投资收益水平。平时要多关注这几方面的变动，以便及时做出投资调整。

(3) 购买力风险。

这种风险是指由于通货膨胀而导致货币购买力下降的风险，即当通货膨胀时，货币的购买力下降，引起债券投资收益的缩水。当然如果购买的是保值债券，就不会受到物价因素的影响。

(4) 经营风险。

在持有债券期间，如果发行企业因管理上的问题或者债务原因造成企业的声誉和资信程度下降，就会影响二级市场债券的价格，从而进一步给投资者造成损失。

(5) 流动风险。

债券的流动风险是指投资者在短期内无法将债券变现的风险。债券品类繁多，有一些债券很受人欢迎，其成交量和周转率都大，而一些债券缺乏关注，很长时间都无人问津，这种情况下，如果想将这些冷门债券变现，只有大幅度折价，从而造成损失。

(6) 违约风险。

违约风险是指发行债券的公司不能完全按期履行还本付息的义务，从而给投资者造成损失。需要说明的是，企业违约和企业破产不同。企业发生违约时，债权人与债务人可以达成延期支付本息的协议，债券持有人的收益可以在未来协议期内获得。而企业破产时则要对企业进行清理核算，然后按照法律程序偿还持券人的债务，这种情况下，投资者可能遭受部分甚至是全部的损失。

对于债券风险的规避，债券发行企业起着第一道防线的作用，而对投资者来说，懂得选择技巧、掌握交易时机也是非常有必要的。

(1) 有选择购买不同债券。

不能将所有的鸡蛋都放在同一个篮子里是投资的至理名言。有选择性地购买不同企业发行的不同债券，可以有效降低、分散投资的风险，能够最大限度地保证获得高收益。

（2）掌握好顺势投资的技巧。

对于普通投资者而言，要懂得顺势投资，即当价格上涨人们纷纷购买时跟着买入，当价格下跌人们纷纷抛出时抛售，这样多半可以获得平均市场收益。要注意顺势投资要“赶前不赶后”，不要在感觉价格不会再涨了，而且还有可能下跌时，还继续购买，即便还有很多人还在继续购进。

（3）适当选择短期债券。

虽然短期债券没有中长期债券的收益率高，但是如果不能将长期债券持有到期，那么这种高收益有等于零。另外，短期债券由于持有期短，受持有期间加息的不确定因素的影响相对较小，而且再投资风险也比较小，所以如果自己风险承受能力不够强，可以考虑购买短期债券。

（4）在股市低迷时选择可转债。

即可转换债券，是债券的一种，可以转换为债券发行企业的股票，通常具有较低的票面利率，其价格由纯债券价值和转换期权价值组成，具有“进可攻，退可守”的特点。在股市行情持续低迷的情况下，可先购买可转债，一方面可有效降低风险，另一方面如果对应的股票一旦上涨，可转债的价值也会水涨船高，跟着上涨。

总之，不要把债券投资当作毫无风险的安全港，在进行投资时，要对各类风险有清醒的认识，并能够对其预测和衡量，同时，能够采取多种有效的措施规避风险，力争让投资得到丰盈回报。

一本书读懂
投资理财学
个人投资理财全攻略

第七章 理财通行的“稳压器”
——黄金投资

经过几千年岁月的时代变迁，即便现代黄金市场价格变化莫测，即便它已不再是国际法律认同的货币，但黄金还是在全世界流通的硬通货币，比任何国家货币更具有内在价值，这就足以说明了问题。

Read a book learnig in
INVESTMENT AND FINANCING

黄金投资，不可抵挡的诱惑

黄金长久以来一直是一种投资工具，并且一直受到了广大投资者的青睐，历史上还没有任何一种投资品可以像黄金一样能够长久地受到投资者的青睐，缘何黄金能做到这一点呢？只因为黄金投资具有独特的优势，让它魅力非凡，具有不可抵挡的诱惑。

（1）高保值工具。

黄金是一种独特的资源，千年不朽，具有永恒的天然价值，有“全球硬通货币”之称，是全球最佳保值产品之一，升值潜力巨大，各国都将其列为本国最重要的货币之一。现在世界通货膨胀加剧，黄金成为抗通货膨胀的有力武器，从而推进了黄金的增值。

（2）产权转移简便。

黄金的产权转移非常简便，不受任何登记制度的阻碍。在黄金市场开发的国家，无论是谁都可以从公开的场合购买黄金，而不会受到什么制度的约束。黄金还可以自由转让，不像房屋转让、股票转让需要办理一下过户手续。

另外，黄金有庞大的市场，没有地域和时间限制，并且实行24小时交易模式，因此买卖很方便，也很容易变现。

（3）赢利空间大。

黄金价格波动比较频繁，而且波动幅度比较大，这是因为黄金同时受国际上各种政治因素、经济因素，以及各种突发事件的影响，因此可以利用差价进行黄金买卖。

另外，黄金价格的波动是相对独立的，不受其他投资品种的影响，即使投资组合中只有小部分黄金也能有助降低整体的风险，甚至可令资产增值。

（4）税收有优惠。

黄金可以说是世界上税务负担最轻的投资品，其买卖过程中所包含的税收款项，似乎只有黄金进口时的报关费用。其他像房产交易、股票交易等都有较大的税收成本，因此，如果你想把财产转移给下一代时，最好的办法就是将财产换成黄金，然后由下一代再将黄金换成其他财产形式，这样就免去了各种高昂的费用。

（5）维护的成本低。

黄金品质没有新旧之分，只有含金量高低之别，所以不存在折旧性，也不用日常维护，这样一来维护的成本就会大幅度降低。随着银行保险箱业务的推出，更是方便了普通投资者大额黄金的交易与存放。

（6）最好的抵押品。

由于黄金是世界上公认的投资工具，很受追捧，因此需要典当时，成为了最好的抵押品。而其他物品作抵押需要做鉴定，不但麻烦，而且真实价值很难评估。黄金做抵押品，只需要提供一份检验纯度的报告就可以，一般典当行都会给予黄金高达90%的短期贷款。

（7）市场独立自由。

在股票市场，常常有庄家操作个股行情的情况，但是黄金市场则不会出现这种情况，因为黄金市场属于全球性的投资市场，价格高度透明，交易量巨大，没有哪个财团或者国家具有操控黄金市场的实力。

（8）操作简单。

投资者如果进行股票投资，需要进行繁琐的筛选分析过程，而投资黄金则不需要经过选股过程，相对来说，操作简单。

（9）行情看好。

从长期来看，黄金投资有美好的前景，主要是因为黄金储量越来越少，人们多年不减的投资热情、消费需求，以及新兴经济体的储备需求。

总之，黄金投资简单方便，易于操作，同时市场独立，价格透明，不会被某个庄家或国家所操控，而且盈利空间大，前景光明，实为普通投资者一个较好的投资理财项目。

投资实物黄金，保值增值抗通胀

作为国际市场唯一的硬通货币，黄金以其超强的抗风险能力和抵御通货膨胀的功能是吸引投资者投资的一个重要原因，但同时它也存在价格变化慢、本身不能生息以及不具备增量功能的不足之处，它的保值增值能力更多地体现在价格上涨上。

目前，黄金市场上可投资的品种大致可分为三类，一类是实物黄金，一类是纸黄金，还有一类是黄金期货和黄金期权。其中纸黄金投资风险较低，收益稳定，适合普通投资者；黄金期货和黄金期权属于高风险品种，同时收益较高，适合专业且承受能力高的投资者；实物黄金适合收藏，回报空间大，适合广大投资者投资。

实物黄金投资通常包括投资金条、金币、金饰品。金条是黄金市场最为普遍的交易品种，也是基础投资工具，市场上用于投资的金条种类繁多，大体上可以分为两类，一类就是专门用于投资的标准金条，另一类是纪念性金条。

专门用于投资的金条也称“素金”“标金”，加工费用少，可以说是最“便宜”的金条。由于其规格比较统一，因此可以在世界范围内方便买卖，而且多数地区对其交易不征收交易税，再加上报价的及时和透明，所以是投资黄金最适宜的品种。投资性金条来源较为广泛，很多银行、黄金公司均有销售。规格有400盎司、100盎司、10盎司、2盎司、1盎司、1/2盎司和1/4盎司。

纪念性金条主要面向对某种题材有兴趣的投资者，或者是黄金类产品的礼品购买者。纪念性金条价格通常与产品本身的黄金价值有较大的偏离，纪念性金条的价格主要看其艺术价值等附加值，黄金价格本身的涨跌对其影响不大。

另外，相对于标准金条来说，纪念性金条变现不那么及时和方便，再加上与实际黄金价值有较大的偏离，所以普通投资者要慎重投资这类黄金。

金币是具有规定成色和重量，浇铸成一定形状并标明其面值的铸金货币，人类历史上相当长的一段时间内金币是很多国家的官方货币，而现代成为了私有的收藏品，是一种纪念价值相当高的纪念物。

金币分为两种，一种是普通金币，一种是纪念金币。普通金币也叫投资金币或者纯金币，我国的熊猫金币、孔雀金币，美国的鹰扬金币，加拿大的枫叶金币，都属于这类金币。普通金币发行量大，一般为不限量发行，主要作投资使用。纪念金币就是纪念性质的金币，通常限量发行，适合收藏。

与投资金条相比，投资金币具有发行量小、材质贵重，艺术价值高等优点，因此具有更诱人的前景，由此成为人们投资的一种较好选择。

金首饰指以黄金为主要原料制作的首饰，从其含金量上可分为纯金和K金两类。纯金首饰的含金量在99%以上，最高可达99.99%，有“十足金”之称。而K金是指在纯金中加入了一些其他的金属，又称为“开金”、“成色金”。

通常情况下，黄金首饰的使用功能要强于投资功能，它的售卖价格中往往包含了高昂的设计、制作、工艺等附加值，与实际黄金的价值偏离很大，而且在使用中，难免会有一定程度的磨损，变现或者再一次售卖时，这部分磨损会拉低价格。

另外，交易对方往往只关注黄金的本身价值，这样给出的价格极有可能与你的心理价位相去甚远，因此黄金首饰并不是一种很好的投资品种。

如果你想通过投资黄金保值增值、抵御通货膨胀，那么最好选择金币和投资金条等专门用于投资的黄金制品，而不要选择纪念性金条、纪念性金币、黄金首饰等黄金制品。

投资纸黄金，轻松赚到真黄金

“纸黄金”是一种个人凭证式黄金，其交易过程就是投资者按银行报价在账面上买卖“虚拟”黄金，个人和银行之间不发生实物的提取和交收。纸黄金价格跟随国际黄金市场的波动情况进行报价，投资者通过把握市场走势低吸高抛，赚取黄金价格的波动差价。

纸黄金包括黄金储蓄存单、黄金汇票、黄金债券、黄金提货单、黄金账户存折、黄金交收定单、大面额黄金可转让存单以及国际货币基金组织的特别提款权等。

不同于实物黄金交易，纸黄金交易有自己的特点：

（1）门槛较低。

纸黄金每笔申报交易的起点数额为10克，每次要以10克或大于10克的整克数量交易；每次的手续费以1元/克收取，但一次购买超过1000克能够享受优惠，由此可见纸黄金投资门槛较低。

（2）开户简单。

纸黄金买卖的开户简单之级，只需带着身份证与不低于购买10克黄金的现金，就可以在银行开设纸黄金交易专用账户。

（3）交易方式多样。

纸黄金的交易方式多样，常用的有几种方式：一是到银行柜台去买卖；二是通过电话查询当日的黄金价格，然后交易；三是通过互联网银行进行交易。具体过程与股票交易基本相同，包括即时交易、双向委托、获利委托以及止损委托等。

（4）交易成本低。

实物黄金投资会有一笔存储费用，而需要变现之时，又有鉴别是否为真金以及重量检测等费用，而纸黄金为记账式黄金，其交易不涉及黄金实物的提取和交收，从而节省了存储和鉴别的费用，降低了交易的成本。

（5）交易简单易行。

纸黄金提供了“美元金”和“人民币金”两种交易模式，为外币和人民币的理财都提供了相应的机会。同时，纸黄金采用的是T+0的交割方式，当时购买，当时到账，因此每日可以进行多宗交易，比股票市场多了更多的短线操作机会。

另外，投资者黄金存折账户的存金既可以用于买卖交易，也可充作抵押物或保证金向银行申请黄金贷款，这也给投资者带来了极大的方便。针对纸黄金交易的上述优势特点，投资者可以采用以下纸黄金投资策略：

（1）看好行情，赚取波段价差。

由于纸黄金只能通过低吸高抛赚取差价获利，所以，对于能对黄金波段性机会把握较好的投资者，可以在国际金价出现阶段性低点时买入，待一段时间后金价出现阶段高点时卖出获利，赚取波段性较大的价差。

投资者可以分批建仓与出货纸黄金，根据纸黄金过去的行情趋势与相对的支持及阻力的位置进行确定，这是很有价值的，如纸黄金下跌的底部在哪里可以买进建仓，牛市能持续多久到顶等，确定这些，自然知道自己该如何低吸高抛。

（2）抓住机会，进行短线操作。

纸黄金交易给投资者提供了可以买入后一旦出现盈利即可卖出完成交易的获利途径，所以，在发现黄金价格波动，有差价产生时，可短线操作，快进快出，赚取价差。

虽然纸黄金允许短线操作，但短线操作适合那些操作技巧高的投资者，对普通投资者而言，还是要尽量选择长线的投资策略，从这个层面上讲，投资者应做好大致的资金入市计划，确保投资资金不在投资过程中断裂。

（3）避免被套，果断止损。

黄金市场风云变幻，纷繁复杂，金价的波动有时难以把握，如果看错趋势，出现投资方向的错误，将容易陷入被套的困境，这种情况下，投资者应根据形势果断止损，防止亏损扩大。

投资者要对黄金市场多做趋势行情分析，即做好基本面的趋势分析，这样可以大大提高纸黄金投资的收益概率。可以通过各种传媒，获取影响黄金基本面的诸多因素。

总之，纸黄金是最省事的黄金投资方式，其交易有自己的特点，要了解并熟知这些特点，并多做趋势行情的分析研究，在此上，果断投资，如果发现错误，及时修正，尽量长期持有，这样才可能从投资行为中获利。

实物黄金投资，有策略才有收获

对普通投资者来讲，投资实物黄金不是一项说买就买，想卖就卖的草率行为，而要讲究切实可行的策略和技巧。下面是投资实物黄金者需要掌握的投资策略。

（1）要长期持有。

长线是金，买入并长期持有是投入产出比最优的投资策略。另外，对于普通投资者而言，实物黄金交易成本高，交收提取不方便，再加上缺乏专业知识及时间和精力，长线持有是上上之选。

（2）选择定额定投。

投资实物黄金有两种方式，一种就是一次性购进，另一种就是定额定投。一次性购进风险较大，而且成本太高。而定额定投，就是分批持续投入，可以平均成本，分散风险，平复价格的短期波动，十分适合那些没有太多投资资金，且承受风险能力较低者。

实物黄金定额定投，还有一个好处就是不需要投资者花费太多的精力和时间去关注、分析市场行情，省心省力。

（3）不选择纪念金和首饰金。

纪念性金条、金币以及黄金首饰，其价格包含了很高的设计、加工、工艺等附加值，与黄金实际价值已经有了很大的偏离，这类黄金制品适合收藏、消费，并不适合投资，当然，如果这类黄金制品的工艺非常好，文化内涵丰富，收藏价值大，那么还是有一定升值空间的，不过，总体来说，如果以获利为主要投资目的，还是以购买投资性黄金制品更为妥当和合适。

（4）多关注回购业务。

黄金虽然有保值增值的功能，但在变现的时候有一定的不便和难度，因此在准备投资的时候最好要想到这个问题。如果售卖方有回购的业务，那就方便了。

目前只有一部分售卖机构提供回购的业务，比如建设银行、工商银行、农业银行部分网点，但各家银行对回购开出的条件不同，大部分银行只回购本行销售的实物黄金产品，也多限于回购投资性金条，而对其他纪念性金条、金币，黄金首饰则不回购。因此，在准备投资实物黄金的时候，要询问售卖方是否有回购业务，以便在需要时可以及时将手中的黄金制品变现。

（5）纪念性金制品的投资策略。

如果一定要选择纪念性黄金制品，就要精挑细选。首先这类黄金制品，通常都有证书，交易的时候，要注意检查证书，若缺少证书则要谨慎交易。

其次纪念性金制品主要是以收藏和消费为主，所以品相十分重要，假如因为保存不当或使用导致品相变差，就会在出售时被杀价，因此，无论是在买入，还是在使用、收藏时，都要注意对品相的检查和保存。

最后，要看准行情，选择精品。纪念性金制品的选购，除了注重品相外，一定还要注重对品种的选择，不同的投资品种，一段时间后的投资回报有高有低，能否获得更高的价值，与品种有莫大的关系。

总体来说，要真正投资黄金，还是要以投资型黄金制品为主，而且要以含金量高的为佳，比如说选择含金量AU9999要比选择AU999更适宜。

提高风险意识，规避黄金投资风险

凡是投资就有风险，世界上没有哪一个投资品种没有任何风险，即使是全球唯一硬通货币——黄金投资也是有风险的。对投资者来说，黄金市场发展迅速，有些环节尚未贯通成熟，缺乏一定的监管，再加上人们对其投资热情炽热，这种情况下，更容易出现问题，所以一定要提高风险意识，在投资的过程中努力规避投资风险。

下面是黄金投资的风险特征：

(1) 风险存在多个环节。

黄金价格除了受黄金本身供求关系影响外，还受到宏观经济、国际政治、投机活动等因素的影响，致使其价格较为复杂和难以预料。在具体交易过程中，还涉及行情分析、投资方案设计、账户安全、资金管理等环节，这些环节中都蕴藏着多种风险，可以说风险几乎存在于黄金投资的各个环节。

(2) 风险具有可变性。

黄金投资风险不是一直固定不变的，而是具有很强的可变性。这是因为黄金价格发生变化，投资者的赢利或者亏损也就随之发生了变化，这样投资风险就会随着客户的盈亏而增大或者减小，但不会消失。

另外，黄金属于中长线的投资工具，所以投资者不能看短期的金价走势，更不要存在侥幸心理。很多投资者在投资黄金过程中，当黄金价格已经上涨很大时，还大肆买进，以为它能带来足够多的利润，实际上，虽然黄金具有长期抵御风险的特征，但相对应的是它投资的回报率也较低，所以，黄金投资在个人投资组合中所占比例也不宜太高。

(3) 风险具有相对性。

黄金投资风险是有相对性的，这种相对性表现在针对不同的投资品种上，比如投资黄金现货和投资黄金期货。两者的投资风险是截然相反的，投资黄金现货风险小，收益低，而投资黄金期货风险大，同时收益也高。

另外，投资与黄金挂钩的理财品种，由于这类理财产品多半有保本性质，所以投资风险相对要小得多。投资这类理财产品一方面退可保本，进可因为市场行情好，而获得额外收益。

收益和风险就像矛盾的综合体，总是相伴相随。要理智地看待投资中蕴含的风险，要将之视为投资必不可少的部分，同时，更为重要的是要树立起风险的意识，提高对风险的警戒和关注，并进一步知道自己愿意并能够承担多少风险，以及每笔投资最应有的回报。

在提高风险意识的基础上，要切实做好规避措施，以最大程度保证收益的顺利获得。

(1) 多关心时政。

由于国际金价与国际时政有着非常紧密的关系，国际时政的“风吹草动”往往在一定程度上影响黄金价格的波动，因此一定要多关注能够影响黄金价格波动的政治、经济、市场因素，比如国家战争、各国政府对黄金的调控政策等，在此基础上，对金价走势进行预测。

(2) 多元化投资。

投资的风险大致可分为系统性风险和非系统性风险。系统性风险是所有投资者共同面临的风险，个体投资者无法回避，也是无力回避的，如利率调整、通货膨胀、国际形势的突变等等。系统性风险如果发生了，投资者只能承担。而非系统性风险则是投资者自身产生的风险，属于个人风险。对于这类风险，投资者可以采取多元化投资应对，一定程度上是可以使其降低的。如投资“纸黄金”，可以采取短期小额交易的方式分批介入。

（3）进行套期保值。

套期保值的主要特征是在现货市场和期货市场对同一种类的商品同时进行数量相等但方向相反的买卖活动，具体来说，在买进（或卖出）实货的同时，在期货市场上卖出或买进同等数量的期货，这样，无论现货供应市场价格怎样波动，都可由期货交易上的亏盈得到抵消或弥补，从而在“现”与“期”之间、近期和远期之间建立一种对冲机制，最终将价格风险降低到最低限度。

（4）建立并完善风险控制制度和流程。

很多时候，非系统性风险的发生源于投资者个人决策失误，或者管理制度欠缺不完善，所以十分有必要建立并完善风险控制制度和流程，借助科学完善的风险控制体系扼杀掉那些潜在的道德、操作方面的危险因素。

（5）轻易不要炒短线。

如果有足够的时间盯盘，并且具有一定的技术分析功底，可以通过短线操作获得更多的收益机会；如果只是有很少的时间关注盘面，不适宜做短线的操作。则需要慎重寻找一个比较可靠的并且趋势较长的介入点中长线持有，累计获利较大时再予以出局套现。

（6）保持一个良好的心态。

投资是一项冒险行为，需要有良好的心态，要做到：不以涨喜，不以跌悲。只有保持心态的平和，才能让思路清晰，而只有思路清晰，才能准确判断市场行情，减少盲目操作，进而降低投资的风险，增大盈利的几率。黄金投资价格波动相对较小，在投资时切忌急功近利，最好以长期投资为宜。

（7）建立操作纪律并严格执行。

行情每时每刻都在发生变化，涨跌起伏的行情往往会使投资者存在侥幸和贪婪的心理。如果没有建立操作的纪律，账面盈亏只能随着行情变化而波动，没有及时地止赢结算就没有形成实际的结果。起初的获利也有转变为亏损的可能，会导致操作心态紊乱，影响客观思想的分析思维，最终步步败退，因此制定操作纪律并严格执行非常重要。

总之，从一定角度上看，投资黄金就是承担风险、规避风险，然后获取收益的过程，规避风险是获取收益的必要条件，如果缺乏规避风险的意识以及具体举措，就会使资金管理出现危机，从而失去赢利的机会。

投资挂钩黄金理财产品低配为佳

在黄金市场大热，特别是通货膨胀日渐高涨的背景下，各家商业银行纷纷开发与未来黄金走势挂钩的理财产品，以此来招徕投资者。

对于这类与黄金走势挂钩的理财产品，投资者要谨慎投资，千万不要以为黄金的价格涨了，与黄金挂钩的理财产品也会水涨船高，就会大涨，这种猜测往往会将你陷于尴尬，甚至危险的境地。实际的情形往往是黄金价格上涨，而与黄金挂钩的理财产品收益却平平。

从理财产品的本质来看，很多挂钩贵金属的理财产品其实就相当于是期权等金融衍生品，只有当黄金的价格走势符合一定的条件时才能获得一定的收益。

另外，一些挂钩黄金的理财产品还设定了涨跌幅区间，就是规定该黄金挂钩理财产品不同涨幅所对应的不同获利比例，所以并不是黄金价格涨了多少，与之挂钩的理财产品也涨了多少，更何况金价不一定涨呢！

通常情况下，黄金挂钩的理财产品多是一些保本浮动收益型的产品（也有少部分是非保本浮动收益类型），这也就决定了它的收益率不会很高，预期最高收益往往很难达到，通常表现平平。但是如果能够承受一定的损失风险，那么也可能等来较高的收益率。

在目前市场中，黄金挂钩理财产品的收益率与黄金价格变化呈这样几种变化：

第一，挂钩理财产品收益率水平与黄金价格呈正相关，这类产品一般嵌入了看涨期权（看涨期权是指期权的购买者拥有在期权合约有效期内按执行价格买进一定数量标的物的权利）。

第二，挂钩理财产品收益率水平与黄金价格呈负相关，这类产品一般嵌入了看跌期权（看跌期权是指期权的购买者拥有在期权合约有效期内按执行价格卖出一定数量标的物的权利）。

第三，当黄金价格处于某一个区间内，挂钩理财产品收益较高（低）；而在这区间外，收益较低（高），这类产品一般是嵌入了蝶式期权（蝶式期权由一系列看涨期权或者看跌期权组成，但不能两者同时存在）。

由收益率最高和最低的两种产品的结构可以看出，结构设计对产品的收益起着相当大的影响。收益率最低的产品设定了一个观察水平，在未来3个月内，假如金价下跌到观察水平或者以下，那么产品就会获得最高的预期收益率。相反，假如金价一直处于观察水平之上，那么产品就只能收获最低预期收益。

目前，各银行推出的挂钩黄金理财产品的设计区间可分为看涨型、看跌型，以及区间型等。看涨型（或看跌型）是只有金价上涨（或下跌时）才有可能有收益，而区间型产品则需要看金价的波动幅度，一旦黄金价格的涨幅或跌幅突破了设定区间，那么产品到期时不仅收益率会较低，甚至有可能获得零或负收益。由此可以看出，黄金价格处于高位震荡期，投资挂钩黄金理财产品风险较大。

虽然黄金挂钩类理财产品的收益率不尽如人意，但是此类产品的最大优点在于可以通过选择不同的收益结构来避免系统性风险。比如在经济衰退的时候，可以选择嵌入看涨期权的挂钩黄金理财产品，通过黄金的避险功能，规避经济下滑风险；而在经济复苏的时候，又可以选择嵌入看跌期权的挂钩黄金理财产品，规避通货膨胀的风险；在经济波动激荡的时候，可以通过选择嵌入了蝶式期权的挂钩黄金理财产品，以获得较高的收益。

挂钩黄金的结构性理财产品由于其收益率水平与黄金价格的走势息息相关，收益波动性较大，需要投资者具备一定的专业知识，因此，比较适合有丰富经验的专业投资者。一般投资者不要盲目跟风，否则风险较大。

如果一定要购买挂钩黄金的理财产品，安全起见，首先一定要购买保本型的，其次应该买短期的，此外还应设定一个比较高的挂钩标的边界水平。总之，购买挂钩黄金理财产品一定要谨慎为上，低配为佳。

第八章 买入美元，赚回人民币

——外汇投资

调查显示，约有90%的外汇投资者都是亏损的，但是仍然有10%的投资者赚得盆满钵满。终极结论是：只要投资得法，每一个外汇投资者都可以进入这10%的行列，成为长期、稳定、持续盈利的群体中的一员。

外汇投资常见交易方式

外汇投资是“国际汇兑”的简称，是投资者为了获取投资收益而进行的不同货币之间的兑换行为，比如用150元人民币买了20多美元。在适当的时候，将这20多美元卖出去，换来多于150元的人民币。

外汇投资有几种交易方式最为投资者所熟悉，这几种交易方式分别是：即期外汇交易；远期外汇交易；外汇期货交易；外汇期权交易；保证金交易；实盘交易。

（1）即期外汇交易。

即期外汇交易是指在外汇买卖成交后，原则上在两个工作日内办理交割的外汇交易。它是外汇市场上最为常见的一种交易方式，即期交易采用即期汇率，因此，又被称为“现货交易”或“现期交易”。它的特点是操作方便、及时，风险较低。

（2）远期外汇交易。

远期外汇交易是指外汇买卖成交后，货币交割在两个工作日以后进行的外汇交易。远期外汇交易最长可以做到一年，3个月之内交易最为常见。远期交易又可分为有固定交割日的远期交易和择期远期外汇交易。

（3）外汇期货交易。

外汇期货交易是一种交易双方在有关交易所内通过公开叫价的拍卖方式，买卖在未来某一日期以既定汇率交割一定数量外汇的期货合同的外汇交易。

（4）外汇期权交易。

外汇期权是一种以一定的费用获得在一定的时刻或时间内拥有买入

或卖出某种外汇的权利的合约。按规定，期权合同的卖方可以在期权到期日之前按照合同约定的汇率买进或卖出约定数量的外汇，但也可以不履行这一约定。

（5）保证金交易。

保证金交易称为“虚拟盘交易”，俗称“炒外汇”，是指通过与银行（或经纪行）签约，开立信托投资账户，存入一笔资金（作保证金）作为担保，然后借由银行（或经纪行）提供的融资来进行的外汇交易。银行（或经纪行）设定信用操作额度（即20～400倍的杠杆效应）。

投资者可在额度内自由买卖同等价值的即期外汇。操作所造成的亏损或者收益，自动从投资账户内扣除或存入。保证金交易的特点是杠杆投资，以小博大，有较大的风险。2008年，中国银监会已经叫停了国内银行的外汇保证金业务。这样投资者如果想要开户必须由代理商在国外公司办理。

（6）实盘交易。

实盘交易是投资者在银行开始交易账户，以个人账户内的资金通过网络、电话、银行柜台和银行自助终端上进行外汇买卖交易。这种交易方式是我国特有的一种交易方式。相对于外汇保证金交易，实盘交易具备更加完善的资金保障制度，监管体系也更加严格。没有杠杆效应，风险和收益都比较小。

外汇交易没有特定的交易场所，个人外汇投资交易可通过柜台和电话两种途径进行。

（1）柜台交易。

a.先在银行柜台领取个人外汇买卖申请书或委托书，按表中要求填写（填写的内容包括买卖外币种类、金额、认可的牌价，之后签字）。填写好后将此申请书连同本人身份证、存折或现金交柜台工作人员审核办理。

b.工作人员审核后，将外汇买卖申请书或确认单交客户确认。成交汇率即以该确认单上的汇率为准。

c.客户确认后把名字签上，意味着成交。成交后该笔交易不得撤销。

d.复核员复核该申请表，没有问题后交给经办员。经办员将确认书、身份证和客户的存折或现金交给客户。

（2）电话交易。

a.先持身份证到银行开立个人外汇买卖电话交易专用存折，预留密码。

b.领取电话委托交易规程和操作说明，并填写电话交易申请书或委托书。之后将填好的申请书和身份证、外币存折交柜台工作人员。设定电话委托交易的专用密码（这个密码可与存折密码不一样）。

c.由于各银行的流程可能稍有差异，因此按照各银行的交易规程进行交易。

d.电话交易完成后可以通过电话查询证实，成交后该笔交易不得撤销。

通过银行柜台进行外汇交易的时间是周一到周五。具体交易方式为实盘交易和电话交易，也可挂单交易。通过国外金融机构在国外银行进行外汇交易时间为周一到周六上午。具体交易方式为保证金交易和电话交易，也可挂单交易。通过互联网交易时间为周一至周六上午。交易方式为保证金制交易，也可挂单交易。

洞察汇率变化，判断外汇走势

通常情况下，外汇买卖价格，即汇率比较频繁，而且波动较大，影响因素来自多方面，其中既有长期影响因素，比如经济增长速度、国际收支、汇率政策、利率水平、通货膨胀、投机活动以及政治事件等；也有短期影响因素，如市场内两种货币的供求关系。

各种因素对汇率的实质影响如下：

(1) 经济增长速度的影响。

经济增长速度是影响汇率的基本因素之一，若一个国家的经济增长速度快，那么这个国家的货币就会升值，汇率就会发生变化。在外汇市场，虽然以美元为中心的国际货币体系已经解体，但美元在各国的外汇储备和国际清算中仍然占有绝对的主导地位，所以，美国的经济数据是外汇市场的代表，如果美国的经济数据普遍不好，那意味着美元就会大幅下挫，进而影响到外汇价格。

(2) 国际收支的影响。

一个国家的外贸收支情况对汇率变动起着非常大的作用，外贸顺差，市场对这个国家货币的需求增加，这个国家的货币就升值，本币汇率就上升；反之，外贸逆差，市场对这个国家的需求就下降，这个国家的货币就贬值，本币汇率就下跌。

(3) 通货膨胀的影响。

货币的购买力对汇率的影响也很大。一个国家必须保证它的货币供给保持一定的数量，假如发行的纸币过多，纸币就会大幅贬值，购买力就会下降，即发生通货膨胀。如果通货膨胀加速，本币汇率就会下跌；

反之，如通货膨胀减缓，本币汇率就上涨。

(4) 利率水平的影响。

利率和汇率是紧密相关的，对汇率有很大的影响。如果一个国家的利率过低，就容易造成货币从本国流向利率高的国家，投机者借以获取利息差。正因为这样，高利率水平可吸引国际资金短期流入，提高本币汇率。

(5) 汇率政策的影响。

主要表现在，一个国家根据本国货币的走势，采取加剧或抑制本币汇率上涨或下跌的措施，客观上造成汇率的变化，有时候这种作用起着决定性作用，如政府宣布将本国货币贬值或升值；央行决定利率升降、市场干预等。

(6) 外汇投机的影响。

一些大公司，特别是一些跨国公司的外汇投机活动，有些时候能使汇率发生较大的变化，使其超出预期的合理幅度，对汇率走势产生深远的影响。

(7) 政治、军事局势的影响。

国际、国内的政治局势变动对汇率有非常大的影响，若局势稳定，则汇率稳定；若局势动荡，则汇率会大幅下跌。同样，战争、冲突、暴乱对相关地区以及弱势货币的汇率将造成不利影响，但是对于远离事件发生地国家的货币和传统避险货币的汇率则往往有利。

(8) 突发事件的影响。

一些重大的突发事件，会对市场心理形成影响，而市场心理又严重影响着汇率的走向，从而使汇率发生变化。其造成结果的程度，也将对汇率的长期变化产生影响。

洞察汇率的变化、判断外汇的走势，可通过基础分析和技术分析相结合的方式来进行。基础分析是对影响外汇汇率的基本因素进行分析。基本因素就是上述的影响汇率的各种因素，分析的目的是寻找汇率整体变化趋势，摸索市场规律。技术分析就是借助心理学、统计学、数学、价格学等学科的研究方法和手段，分析外汇汇率的走势与成交量变化等信息。

相对于基本面分析，投资者更倾向于技术分析，因为影响汇率的因素千变万化，任何人也不可能掌握所有的信息，而市场的走势包容消化一切，因此多数情况下只需借助技术分析就可以了。

无论怎么说，作为外汇投资者，要想从外汇投资中获取理想的收益，就一定要对这些影响汇率的重要因素有个较为透彻的了解，并能够对其进行合理的分析，努力从这些基本面中捕捉到汇率走势的“蛛丝马迹”。同时，还要善于利用技术分析的手段，预测汇率的波动变化。基本面分析和技术分析要有机结合起来，相辅相成，从基本面分析找寻大的趋势，然后通过技术分析来寻找交易点位，这样就能使投资占据主动优势。

外汇交易中不可或缺的不二法门

外汇交易具有风险大、收益高的特点。随着国际、国内外汇市场的进一步规范和繁荣，越来越多的投资者参与到外汇市场中来，希望能从中获取大的收益。同其他投资方式一样，外汇交易也有其应该遵循的原则，严格遵守这些交易原则，投资者就可以在外汇市场有所斩获，因此这些交易原则是外汇交易中不可或缺的不二法门。下面就是一些需要严格遵守的交易原则，在炒汇操盘时，要慎重对待。

(1) 顺势交易逆势退场。

“顺势者生，逆势者亡”是有其道理的，这句话用在外汇市场上可改为“顺势者赚，逆势者赔”。投资者要谨慎观察市场，客观分析，审时度势，把握大的方向，顺势入场，不要逆势操作。

有人说"为了市场上成功，我们应该投降。"这也就是说要向市场屈服，顺势而为。能够预测当然好，不过当作预测与现实背离时，就必须跟着现实走。能够分析当然好，不过当分析与现实背离时，也必须跟着现实走，这就是顺势而为，要始终相信只要大的方向没有错，可能会因此失去某些局部回调的利润，但绝对不会掉进庄家所设的陷阱里。

（2）市场不明朗时不介入。

在外汇市场，当局势不明朗时，要学会等待，而不要急着介入。事实证明，绝大多数成功的投资者都善于等待机会，当他们入市时感觉迷茫，他们会选择暂时离市，等行情明朗时，再重新介入。保证金制度下，盲目入市交易，一旦亏损，亏损会被放大，使投资者不堪其压。

（3）勿过量操作。

每天最多只能发布一次交易指令，而不论这个指令正确与否。如果过多发布交易指令，只会让自己陷入情绪化的陷阱，从而忘记进场的全部准则，其结果只能是失控和死亡。

（4）切忌盲目。

在决定买入或卖出外汇之前，一定不要盲目，必须充分了解投资信息、市场信息。不要因头脑发胀而失去冷静和清醒，不要不加调查就听从他人或者媒体的意见，而要有自己的主见，这样投资的效率才会提高。

（5）坚决止损。

波动性和不可预测性是外汇市场的一个显著特征，由此坚决止损成为了保存投资实力、减少买卖出错时可能招致的损失的重要举措。当然止损下限不可以随便设置，但只要入场前有明确的信息准备协助，而且依照原则设置，就可以减少不可预期的损失。事实证明，止损下限设置非常重要，如果做不到有效止损，那么就不适合做外汇投资。

（6）不要拘泥于特定价位。

入场前后固然应先预定买入或卖出的价位、获利及止损点位，但是这仅仅是预测，不要过于拘泥某一特定价位，而失去赚钱的机会。只要价位上的偏差不是距离原先设置的目标价位很远，就可以顺势做最后的买入或卖出的决定。

（7）严格按交易计划操作。

入场后应谨记交易的原则，原先设置好的交易计划一定不要随意更改。个人经济情况不同，对市场风险的承受能力也不一样，应该严格遵守自己的计划，不应随便听信他人的意见而改变。

更不要在交易的时候表现自己随机应变、快速决策的能力，在外汇市场，它完全不靠谱，因为市场瞬息万变，你的思考速度和操作速度远远跟不上，最好的办法就是按部就班严格执行原先制订好的交易计划。

（8）严格进行资金管理。

在外汇市场，满仓交易和重仓交易都属于赌博，最终必将被市场所淘汰，所以，无论是有所斩获，还是亏钱，你都要保持你的入场资金永远要在操作账户的15%以下。

可以追加入场资金，但是需要有一个前提条件，那就是你前面的单子有了一定的赢利，即使在这种情形下，总的入场资金也仍然不要超过操作账户的15%。严格资金管理可以让你可进可退，而不至于落个悲惨的下场。

（9）要保持自律。

做外汇投资，要有自律精神，要能以一定的标准和行为规范指导自己的投资行为。能在各种诱惑面前，守得住规矩，不做臆想的事情。即使对行情再怎么有把握，也不要抱着孤注一掷的心态满仓或重仓交易。

选择交易平台只需考察这七方面

外汇交易平台泛指外汇市场上的一些具备一定实力和信誉的独立交易商。众所周知，与其他金融市场不同，外汇市场没有具体地点，也没有中央交易所，只是通过银行、互联网进行交易，因此，选择一个好的外汇交易平台对于交易将起到非常大的作用，一个好的交易平台可以保证交易资金安全、交易操作顺畅、分析精确到位，但是如雨后春笋般涌现出来的交易平台又令投资者眼花缭乱。那么如何才知道某个交易平台更规范、专业、高效呢？虽然“一千个读者眼中会有一千个哈姆雷特”，但是找寻的技巧还是有的，实际上，只需仔细考察下列的几方面，就可以挑选出一个优秀的外汇交易平台。

(1) 平台稳定性要好。

由于风险管理水平存有差异，再加上平台所用的软件的性能和服务器的大小不同，还有网络服务器距离国内的距离不一样，导致平台本身运转的稳定性有所差别。稳定性差的平台经常发生与国际市场数据不一致的情况，有的平台甚至无法完成交易，因此，不要选稳定性差的平台。

稳定性好的平台执行指令速度快，提供的不同的交易分析工具功能强大，交易优势明显，一定程度上可以让投资者享受稳定的交易收益，从这一点上说，非稳定性好的平台不选。

(2) 平台监管制度要健全。

监管制度健全完善也是一个优秀交易平台的重要特征。在市场波动频繁且剧烈的情况下，很多风险控制能力较弱的平台有亏损甚至破产的可能。如果监管制度不健全，那么就有可能发生保证金公司卷走客户保证金的事情，而如果监管制度健全，当发生风险时，由于有国家和大银行做后盾和监管，投资者的利益会有更好的保障，因此，安全起见，要选择那些监管制度健全的国家的交易平台做外汇交易。

(3) 平台信誉度要好。

一些保证金公司认为它们注册地在海外，如果出了什么事，投资者也拿它们没办法，因此它们放开对自己的束缚，肆意变换收费标准和隔夜利息的计算方法，甚至调整点差，制定不公正条约，做出“损公肥私”的事情。所以，在第一次合作时，事先一定要调查一下要合作平台的信誉度，可以去网上查询，也可以侧面打听。

同时，也还要直接询问对方隔夜利息的计算方法是否会随意改动，交易的点差是否要随着行情的变化而随意调整，探查清楚了才决定是否合作。

(4) 平台资金出入渠道要畅通。

由于保证金交易出现必须立刻补仓的情况较多，因此，平台一定要保证资金进入渠道畅通，如果渠道不畅通，导致资金延迟到位，就可能导致投资者失去机会。同样，出金的渠道也要畅通，否则容易给投资者造成损失。

(5) 平台操作模式要便捷。

简单易行的操作模式便于操作者使用，因此平台的操作模式设计要人性化，人性化设计越多，往往越得投资者青睐。比如，平台的页面设计要简洁明了，有利于投资者操作；平台明示各个货币对每天的隔夜利息损益，有利于投资者查阅，具有重点价位的提醒功能，会让投资者提高注意力，等等，总之，越是贴近投资者心理的设计，越容易获得投资者的欢喜。

(6) 平台交易收费要合理。

外汇市场上，不同保证金平台的交易费用是不一样的，有的高达20点，而有的低至两三点。实际上，任何保证金交易平台都是有交易费用的，通常情况下，4个点左右的费用能够让保证金公司维持正常运行，6个点就可以实现赢利。如果客户数量多，交易量大，点数少些也可以实现不菲的赢利。高于6个点的费用就属于偏高收取，而低于3个点的费用则属于入不敷出，对此，投资者要提高警惕，防止上当受骗。

(7) 平台推出的年限要久。

如果一个平台推出很多年之后，依然受到很多投资者的青睐并且在交易中受到更多新手投资者的推崇，那么这样的平台就值得投资者的信赖。因为之所以一直受到青睐，意味着该平台一定有优越之处，它的交易服务以及交易优势肯定相对突出，因此，投资者完全可以放心选择这样的平台。

总之，选择一个优秀的交易平台十分重要，它可以增强投资者的交易优势，让投资者的交易更顺畅，投资之前要从上述的七个方面考察平台，努力找出其优缺点，然后再根据自己的实际情况选择适合自己的交易平台。

外汇冲浪讲技巧，方能轻松立潮头

外汇投资是非常讲究技巧的，适当的技巧可以让投资者在恰当的时机介入交易中，又可以恰到好处地买入或卖出，以增大收益，减少亏损，还能在遭受大危机时从容退出而不遭受任何损失，最终实现资产的最优增长。下面是一些必要的交易技巧，能够帮助你掌握外汇投资的精髓，让你在外汇市场中如鱼得水，有所收获。

(1) 选择好时机建立头寸。

建立头寸是指买进一种货币，同时卖出一种货币的行为，也叫“开盘”或“敞口”。选择适当的汇率水平和好时机建立头寸是赢利的重要条件。如果选择的时机恰当，赢利的机会就大，反之，选择的时机不当，就容易亏损。至于什么时候是建立头寸的好时机，则关系到很多方面，比如需要看市场趋势如何；要看最近的基本面分析，要看振荡指数给出什么样的信号，等等，要综合把握这些信息，最后在此基础上做出决定。

(2) 止损斩仓和获利平仓。

止损斩仓是指在建立头寸后，所持的币种汇率下跌，为了防止损失过大采取的一种出仓止损的行为。有时候，投资者不甘心赔钱，坚挺不出仓，往往汇率一再下滑，导致更严重的损失。所以，及时止损斩仓是一种理智行为。正所谓留得青山在，不怕没柴烧，要订立一个止损点，一旦市场趋于不利，汇价触及止损点，就要勇于舍得“割肉”，舍车保帅。

与止损出仓不一样，获利平仓是在建立头寸后，所持币种汇率上涨，投资者平仓以获取利润的行为。获利平仓的时机不好把控，平盘过早，获利不多；平盘过晚，又可能延误时机，造成利益损失，甚至发生亏损，因此要综合把控，适当见好就收。

(3) 买涨不买跌。

外汇投资要尊奉“买涨不买跌”的原则，这一点同股票投资一样，之所以这样做的原因在于在价格上升的过程中只有在顶点的时候算是买错了，其他任何一点买入都是对的。而在价格下跌的过程中买入只有在跌到最低点时才算是对的，其他任何一点买入都是错的。可见，买涨要比买跌赢利的机率要大。

（4）金字塔加码。

不要把外汇投资当作赌博，因此切不可像赌徒一样孤注一掷，将资金全部投入进去。当市场行情不明朗时，孤注一掷很容易让自己血本无归。理智的做法是实行“金字塔加码”，即先投入一部分试探一下，如果局势明朗，而且趋势良好，即汇率上升，再追加投资。追加要奉行“每次加码的数量要比上次少”的原则。

（5）好消息时买入，坏消息时卖出。

同股票市场一样，外汇市场也经常有一些好坏消息流传。这些好坏消息事后证明有些是真实的，有些则是虚假的，还有些消息是有人故意散布的。不管这些消息是真是假，统一的做法是听到好消息时立即买入，一旦消息得到了证实，要马上出仓获利。相反，听到坏消息时要马上卖出，一旦消息得到确认，要立即买回。这样就可能获利。

（6）盘局突破建立头寸。

盘局是指汇率处于窄幅波动，买家和卖家势均力敌，暂时相持不下的状态。无论是上升过程还是下跌过程中，一旦突破盘局，汇价或上涨或下跌，多呈现急速进展，这个时候，是建立头寸获取大利的极好机会，因此要抓住这个难得的机会建立头寸。

（7）基本面分析和技术分析相结合。

基本面分析和技术分析是分析汇率的两种方法，由基本面分析得出的汇率长期发展的趋势较为可靠，而且具有提前性。缺点是无法提供汇率涨跌的起止点和发生变化的时间。这种不足需要靠技术分析来弥补。

技术分析是建立在对历史数据进行统计分析的基础之上的，通过研究和分析，总结出一定的规律，形成一套完整的理论和方法并运用于实践，目的是用以前的规律来预测未来的趋势，特别是短期波动趋势。基本面分析和技术分析相结合，可以较为精准地预测汇率的变化趋势。

对于复杂多变的外汇市场，掌握有效的技巧是十分有必要的，这些技巧多是经过大量实践检验的，有一定的道理，对实战有很强的指导意义，因此，要细心加以揣摩，悉心领会，根据自己的情况灵活采用。

一本书读懂

投资理财学

个人投资理财全攻略

第九章　空手套白狼的赚钱经

——期货投资

期货是短期内最能赚钱的投资品种，因为它实行的是保证金制度，以一顶十，以一顶百，杠杆效应很大，利润率短期内就可大几十倍。当然这是在赚钱的情况下，自然它的风险也是相对的。它比较适合风险承受能力较强、对投资回报率要求较高的投资者。

Read a book learnig in

INVESTMENT AND FINANCING

期货投资常用术语

期货是现货的对应词，广义的期货是指以某种大宗产品（如大豆、棉花、石油、重金属等）或金融资产（如股票指数、债券等）为标的的标准化的可交易合约。合约规定，双方可以以约定的价格在未来交易某种资产。投资者只需要支付一笔保证金，合约就可生效。

期货交易的对象不是实物，而是商品的标准化合约。交收期货的时间在缔结合约后，而且无固定时间，可以是一星期之后，一个月之后，三个月之后，甚至一年之后。

作为一种投资理财工具，期货交易是从现货交易中的远期合同交易发展而来。远期合同交易是一种交易双方约定在未来的某一确定时间，以确定的价格买卖一定数量的某种金融资产的合约。合约中要规定交易的标的物、有效期和交割时的执行价格等项内容。

在远期合同交易中，交易的双方聚集在商品交易场所沟通情况，寻找交易对象，通过拍卖或者双方协商的方式来签订远期合同。合同到期后，买卖双方以实物交割来履行约定。在这个过程中，双方慢慢发现，由于价格、利率或者汇率的变化，合同本身就具有了价差或利益差，因此完全可以通过交易合同来获取收益，而不必非要等到合同期满交割实物时。期货交易就是在此背景下产生和发展起来的。

投资者可以对期货交易进行投资或投机，而要想投资期货，玩转期货交易，就要对其充分了解，这样才能做好深入分析，下面是需要投资者了解的期货投资术语：

（1）开仓。

也叫建仓或“建立交易部位”，指开始买入或卖出期货合约的交易行为。

（2）平仓。

指期货交易者买入或者卖出与其所持期货合约的品种、数量及交割月份相同但交易方向相反的期货合约，了结期货交易的行为。

（3）移仓。

也叫迁仓。由于期货合约有到期日，如果想长期持有，需要通过买卖操作将所持头寸由一个月份同方向移至另一月份。

（4）保证金。

指期货交易者开仓和持仓时要交纳的一定标准比例的资金，用于结算和保证履约。任何交易者都需要按照期货合约的一定比例缴纳保证金。

（5）穿仓。

指客户账户上客户权益为负值的风险状况，也就是客户不仅将开仓前账户上的保证金全部损失，而且还反过来欠期货公司的钱。

（6）结算。

期货结算是指交易所对会员和对客户的交易盈亏进行的资金清算。计算的结果作为收取交易保证金或追加保证金的依据。

（7）交割。

按照规则和程序，期货合约到期时，交易双方通过该期货合约所载物权的转移或结算，了结到期未平仓合约的过程。分为现金交割和实物交割。

现金交割是指到期未平仓期货合约进行交割时，用结算价格来计算未平仓合约的盈亏，以现金支付的方式最终了结期货合约的交割方式。

实物交割指期货合约的交易双方于合约到期时，通过期货合约标的物的所有权转移，将到期未平仓合约进行了结的行为。商品期货交易主要采用实物交割的方式。

（8）基差。

指某一特定商品在某一特定时间和地点的现货价格与该商品在期货市场的期货价格之差。一般来说，参照物不同，基差就不同。

（9）升(贴)水。

在期货市场上，如果现货的价格低于期货的价格，或者远期期货的价格高于近期期货的价格，这种情况叫“期货升水”，也称“现货贴水”。如果现货的价格高于期货的价格，或者远期期货的价格低于近期期货的价格，这种情况称为“期货贴水”，也称“现货升水”。

（10）套期保值。

指交易者在期货市场买进（或卖出）期货，以便在将来现货市场买进（或卖出）时不至于因价格上涨而给自己造成经济损失的一种套期保值期货交易方式。

快速实现期货投资入门

期货市场由六部分组成，分别是：期货交易所、清算所、期货监管机构、期货市场、期货经济机构、期货行业自律机构。

期货市场实行九种交易制度，分别为保证金制度、交割制度、当日无负债结算制度、涨跌停板制度、持仓限额制度、大户报告制度、强行平仓制度、风险准备金制度以及信息披露制度。

保证金制度保也称押金制度，指在期货交易中，任何交易者都必须按照其所买卖期货合约价格的一定比例缴纳资金的制度。这笔资金作为其履行期货合约的财力担保。

交割制度是指按照期货交易的规则和程序，在合约到期时，买卖双方需进行物权转移或者结算的制度。

当日无负债结算制度又称“逐日盯市制度”，是指每日交易结束后，交易所按当日各合约结算价结算所有合约的盈亏、交易保证金及手续费、税金等费用。

涨跌停板制度是指交易日中的成交价格不能高于或低于以该合约上一交易日结算价为基准的某一涨跌幅度。如果超过该范围的报价将被视为无效，不能成交。

持仓限额制度是指交易所规定会员或客户可以持有的，按单边计算的某一合约投机头寸的最大数额。这种制度是为了防范少数投资者操控市场价格。

大户报告制度就是对持仓量较大的投资者进行重点监控的制度，同持仓限额制度一样，主要是为了防止大户操纵市场行为。

强行平仓制度指当会员或客户的交易保证金不够并且还未在规定时间内补足，或者当会员或客户的持仓数量超出规定的限额时，交易所或者期货经纪公司为了防止风险进一步扩大，强制平掉会员或客户相应的持仓的制度。

风险准备金制度是指交易所从自己收取的会员交易手续费中提取一定比例的资金，作为确保交易所担保履约的备付金的制度。

信息披露制度也称公示制度、公开披露制度，是指交易所定期公布期货交易相关信息的制度。

期货投资的大致思路是通过预测标的产品未来的价格变化而提前买入或者卖出，以获得差价收益。基本程序大致是：

第一步，选择一家期货经纪公司。自然要优先选择有实力、信誉好、操作规范、愿意为客户考虑、主动为客户服务的经纪公司。

第二步，开户。开户是交易的必要前提。只有开户成功，才能要求经纪公司进行交易。在这一环节中，客户要向经纪公司提供有关文件以及证明材料，并与其签定《客户委托合同书》，缔结委托关系。做好这些后，经纪公司会为客户提供专门用来从事期货交易的资金往来账户。

第三步，做好入市准备工作。这一步因人而异，主要是资金方面的准备、个人心理准备、知识储备、信息储备以及拟定交易方案。

做好这些工作后，再往自己的期货交易账户打入足额保证金后，即可根据自己的要求向经纪公司下达交易的指令。而经纪公司会按照你的指令进行期货投资操作。

为了熟悉交易系统和交易模式，也为了丰富自己的投资经营，投资新手可以利用期货仿真交易练练手。所谓的期货仿真交易就是客户在期货平台上设立一个模拟交易账户，然后用来进行模拟交易。模拟系统的所有数据和真实操作系统的数据是一样的，可以按照真实期货交易的流程及操作方法进行操作练习。

利用仿真模拟系统交易时不需要投入资金，因为模拟系统本身带有一定的资金额度，但是这些资金只能用来模拟交易，而不能真正提取出来。

选对期货品种，才有得赚

期货投资是否能赚到钱，与选择的期货品种有很大的关系。一些期货投资者抱怨期货投资市场行情不好，难以赚到钱，但是同一个市场，一样的行情下，却有很多投资者赚得盆满钵满，原因在哪里？主要原因之一就在于选择的交易品种不同。哪些品种容易赚钱？哪些品种容易亏钱？其中有一定的讲究。下面是一些期货投资高手选择期货品种的宝贵经验，酌情参考。

（1）注重研究基本面。

选择做任何品种的投资，务必要做到对这个品种有基本的了解，因此不要忽视对品种基本面的分析。投资者最忌讳对品种一无所知便参与交易，这往往会导致两种后果：第一，对价格变化没有明确的判断标准；第二，对价格判断不明确容易扰乱投资心态，从而使后续的投资方向变得混乱。

事实上，基本面确实是十分关键的，对研究期货行情的趋势走向具有重大意义，所以要经常关注并仔细研究基本面，一旦某一个品种来了机会，也好提前察觉，然后通过调查和市场分析，决出决策。如果忽视了关注和研究，好的行情就可能“飘然而过”，从而失去了赚钱的机会。

（2）尽量做自己熟悉的品种。

期货投资要尽量做自己熟悉的品种，不熟悉的品种尽量不要去做。选择自己熟悉的品种投资，好处在于对行情会有一个较为清晰的把握，哪些现象是正常现象，哪些现象属于非正常现象，什么东西合理，什么东西不合理，做到心中有数，这样就会谋定后动，及时跟进。如果一开始没有熟悉的品种，可以选择做一个品种两三年，这样它自然就成了熟悉的品种。

（3）寻找相对有良好趋势的品种。

要寻找一些相对有良好趋势的品种去投资，原因很简单，就是因为这样才更有机会赚到钱。投资期货，看的是趋势，而不是目前的价格，因此要关注某个品种的行情走势是否具有一定的稳定性和持续性。而要做到这一点，需要对政治、经济政策以及产生背景都要有一个较为清晰的了解，这样才能对市场会有一个较为准确的了解，对投资品种有个准确的定位，也才能选择到赚钱的好品种。

（4）有良好流动性、成交量大的品种。

为了便于成交，在选择品种的时候一般要选择流动性好、成交量大的品种，这样无论是进场还是出场都比较容易实现。对普通投资者来说，被一些大的投资者垄断的品种，一般情况下不要轻易去交易。

（5）选效果好的品种。

这是比较稳妥的方法，好处是显而易见的。那么如何选到效果好的品种呢？最简单的办法就是把自己近两三年的账单拉出来看资金曲线。资金曲线是一目了然的，哪怕所有的品种都是亏的，总有一个是亏得最少的，而这个亏得最少的就是相对效果好的品种。

另外，如果没有足够的把握，期货投资的品种不宜多，很多时候，只选一个品种坚持到底成为很多期货投资者投资成功的关键。

期货分为两类，一类是商品期货，一类是金融期货。商品期货是指标的物是实物商品的期货合约，通常包括农产品期货、金属期货、金融期货。金融期货指的是以金融工具作为标的物的期货合约，一般包括股指期货、国债期货和利率期货。

国内上市交易的期货多数是商品期货，金融期货很少。现在期货市场上市交易比较活跃的期货，农产品中有棉花、大豆；工业品有锌、铜、螺纹钢，另外，化工产品橡胶也属于比较活跃的品种。

在选择期货品种投资交易的时候，就目前国内期货市场来说，虽然股指期货已经存在，但由于其市场还远远不成熟，因此商品期货交易仍然是投资者投资交易的首选。

期货投资风险“高”在何处

期货的定义是以某种大宗产品（如大豆、棉花、石油、重金属等）或金融资产（如股票指数、债券等）为标的的标准化的可交易合约。

合约规定，双方可以以定好的价格在未来交易某种资产。投资者仅仅只要支付少量保证金，合约就可生效。在我国，现行的最低保证金比率为交易金额的5%（国际上通常施行的是3%～8%）。5%的保证金比率意味着什么呢？它意味着投资者只要先支付5元，按照比例，就可以使用价值100元的资产，推广开来说，投资者可以将投资额放大为自有资金的20倍。

正是因为期货交易具有杠杆的放大效应，所以，一些“野心”大的投资者就想利用这个放大功能来实现自己一夜暴富的目标，进行满仓操作，但其结果往往输得很惨，为此，血本无归、倾家荡产者大有人在。当然也有实现目标者，投资者从投资中获得了巨大收益，此时，期货交易展现出它的诱人之处。

如何看待期货交易的风险呢？期货交易的风险到底有多大呢？都来自哪些方面？而其风险是否又可以控制呢？从本质来看，期货交易属于一种风险交易，期货交易管理也主要是风险管理。期货市场的基本功能是给生产经营者提供套利保值、回避价格风险的手段，以及通过公平、公开竞价形成公正的价格。这种性质决定了完善的期货交易的主要风险是系统风险，而不是非系统风险。

就目前来说，期货市场要比现货市场价格波动更大，也更为频繁，其交易的远期性也为其带来更多的变数，另外，投资者投机心理过重，也使期货交易风险产生的可能性增大。总之，期货交易市场的风险是比较大的，期货交易属于高风险理财产品。那么，期货交易都蕴藏着哪些风险呢？一般来说，期货投资的高风险性体现在如下几方面：

（1）价格拉动风险。

期货交易的保证金杠杆效应，使得收益被放大许多倍，一定程度上诱发了投资者的“以小博大”投机心里，使其投机失去理性，客观上加大了价格的波动幅度，从而使风险失控。

（2）强制平仓的风险。

交易机构实行每日无负债结算制度，这使投资者在期货价格波动较大，而保证金又不能在规定时间内补足至最低限度时，面临被强制平仓的风险，由此造成巨大亏损。

（3）操作风险。

由于投资者的投资理念和操作手法欠妥当，导致风险的产生，比如：在对基本面、技术面缺乏正确分析的情况下，茫然入市或者逆市操作；建仓时盈利的定位和止损价位不正确……这些不当的操作都会让风险陡然增大。

（4）流动风险。

流动风险是指交易者难以及时成交的风险。其中交割风险就是一种重大的流动风险。交割风险是投资者在期货合约到期前没有完成对冲操作，到期后就要凑足足够的资金或者实物货源进行交割。这就给投资者带来巨大压力。

（5）信用风险。

信用风险是指期货市场中卖方或者买方不履行合约而带来的风险。这种风险有时候影响是非常大的，因此一定要做好调查工作，尽最大程度避免这种风险的发生。

尽管期货投资蕴含着较高的风险，但由于期货投资不但获利高而且周期短，所以钟情期货投资的人还是大有人在的，正所谓无限风光在险峰，成功人不走寻常路，相信随着期货市场的逐步完善和投资者投资经验及技能的日益完善，投入期货市场，并从中获利的人会逐渐增加。

把期货投资风险降至最低

虽然期货交易有较高的风险，但还是可以通过有效的防范手段来规避其风险。要知道期货风险的产生与发展存在着一定的规律性，并非完全杂乱无章。可以从以下5个方面规避期货投资风险。

（1）做好准备功课。

期货交易是一门较为专业的投资学，涉及众多因素，如金融学知识、经济政策、经济走势、国际协定等等，期货市场就是这众多因素综合作用的结果。这也就决定了投资者在投资前一定要做好这些方面的功课，应对上述内容有一个全面的了解，只有做好了这些方面的功课才有可能准确预判行情走势，为赢利打好基础。

（2）制定投资战略、战术并严格执行。

投资前要制定科学的投资战略、战术。计划要尽可能周密完善，无重大遗漏，对建仓过程、建仓比例、亏损幅度都要制定相应的方案及应变策略。方案制定好，在投资的过程中，要严格执行，轻易不要改变。

（3）做好资金管理。

投资者必须要对自己能够参与期货交易中的所有资金进行管理。这对规避风险，减少损失十分重要。众多事实证明，交易亏损控制在总资金的20%～30%，属于合理的范围。

对刚进入期货市场的投资者而言，资金使用率最多不要超过30%，虽然这样盈利会少一些，但亏损也少一些。一定不要人心不足蛇吞象，资金使用率过高，一旦错判行情，亏损可就大了，甚至连翻身的机会都没有。

（4）严格执行止盈止损。

投资者一定要充分认清并重视期货投资市场潜在的各种风险，及时止盈止损，而不要抱着侥幸的心理，期望一口吃个胖子，或者幻想翻盘。这种想法容易将自己带入更深的“泥潭”。因此，在期货价格方向走反，不要被亏损所纠结，要当机立断，及时松手，要小损而不要大损。有很多一部分散户会设立止损位，但是不会设立止盈位，这也要有个限度，否则也容易造成实际损失。一定程度上的“见好就收”还是很有必要的。

（5）艰难期学会空仓。

有些投资者很善于利用资金进行追涨杀跌的短线操作，这种操作有的时候会让投资者获得较高的收益，但是对一般投资者来说，很难做到每天都有时间看盘，也很难每天能追踪上热点。所以，安全起见，要学会空仓，就是在感觉热点难以把握、多数期货大幅下跌、涨幅榜上的期货涨幅很小而跌幅榜上期货跌幅很大时，需要考虑空仓。

除了要做好这五大方面的工作外，投资者也不要轻视一些小环节，若这些小环节没有处理好，同样会让交易的风险大增，为投资埋下隐患。

比如要优先选择比较平稳的品种，借以逐步了解市场，增加经验。这一点对刚进入期货市场的投资新手有着重大意义，不但可以增强其经验，还可以因极有可能的盈利而增强其信心。

另外，要从小额做起，稳扎稳打。这对于投资新手来说十分重要。初期保证生存是头等大事，等生存不成问题了，再寻找发展。如果连生存都是一个问题，那又何谈发展，风险会随时吞噬你的。

最好在活跃期加入进去。通常情况下，投资者应该在成交量、持仓量规模较大的活跃时期加入进去，这样能够保证资金流动性畅通，使开仓和平仓变得相对容易，交易顺畅进行。

投资者要保证有一个良好的自控力和心理，不要生怕自己落后，盲目跟风，也不要急躁，在市场情况不明时，急着去交易。更不要把期货市场当作赌场，怀着赌徒的心理去投资、去交易，如果是抱着这样一种心理去投资交易的话，即使一时可能获利，但最终一定会下场悲惨。

总之，要想在期货投资市场有所收获，就要全方位做好期货交易的风险管理，各种防范措施尽出，努力将各项潜在的风险解决掉，自然就会赢得一个好的收益。

一本书读懂

投资理财学

个人投资理财全攻略

第十章 高品位赚钱之道

——收藏品投资

收藏品投资是鱼和熊掌兼得的投资理财方式，既有物质回报，又有精神收益，可谓双赢，由此，“收藏与投资的结合将会给收藏者带来丰厚的收益。”成为了收藏品投资者的终极追求目标。

Read a book learnig in

INVESTMENT AND FINANCING

弄明白你要收藏的是什么

与其他投资不同，收藏品的投资是一门艺术，更是一种学问，与文化联系得十分紧密。有价值的收藏品往往文化内涵丰厚，是一定知识、情感的载体，往往能够给人带来沉思、愉悦，有的收藏品还成为了历史的见证。

收藏品的范围十分广泛，品种繁多，大致可分为文物类珠宝、观赏石类、钱币、类邮票类、商标类、徽章类、标本类、陶瓷类、玉器类、绘画类等。

收藏品投资有哪些基本特征？这是投资者首先要弄明白的一个问题，这个问题对于树立正确的收藏品投资理念至关重要，所以一定要弄清楚这个问题，可从以下4个方面去认识这个问题：

（1）获得更有内涵的收益。

虽然投资的目的是为了获得收益，但是这里的收益不应该仅仅指物质上的回报，也就是金钱方面的回报，而应包含更多的东西，比如，收藏品的投资收益就不单单指物质利益的回报，还应包含通过收藏获得的快乐和满足。收藏品承载着丰富的人文情感，对投资者会起到陶冶情操，提高修养的功效。如果一个人热衷收藏，他不会过多地考虑收藏品的市场评价、交割能力和存世数量的因素而不惜代价将之“收藏”的。

（2）收藏与投资的结合。

曾有资深收藏家表示：“收藏与投资的结合将会给收藏者带来丰厚

的收益。”成功的收藏与投资的结合就是指让收藏与投资实现了双赢：一方面获得了收藏的乐趣，精神得到了满足，另一方面获得了物质方面的收益，得到了实惠。两者的双重满足可以说是收藏品投资者的终极目的。

（3）市场上的“软黄金”。

具备国际行情的收藏品是市场上的“软黄金”，其价值全球公认，无主客观或地域差异。举例来说，那些传世的珍贵字画、瓷器、邮票、钱币等，价值连城，比黄金更具有巨大的升值潜力，比如1980年发行的8分面值猴票，目前单枚价格在1.5万以上，整版价格在120万以上，而且价格还在攀升。

（4）增值空间高。

收藏品投资不像房地产和证券投资会产生区域性风险，而且如果投资得当，会有较高的收益。实际上，收藏品要达到这一点是要有一个前提条件的，那就是本身要很有价值，应为国际通货，这样才能确保出手有人购买的把握，而且往往会售卖出一个高价。

收藏品的价格弹性很大，即使是同一件收藏品，其价格也往往因人、因时、因地而异。也有的藏品本身价值可能不高，但是有人为了寄托某种特别的感情，或者为了配齐系列藏品中的缺品，不惜花大价钱购进。

总的来说，收藏品应该具有真正的收藏价值，这样才能给投资者带来真正的收益。一般来说，真正值得收藏投资的艺术品应该具有下列特征：

（1）真品。

收藏品中鱼目混珠的情况特别多，代笔、临摹、仿制以及故意伪造处处可见，赝品泛滥成灾。赝品只能当作装饰或参考，而不能当作真正的珍品收藏，其投资价值很小，与真品无法比拟。真品或者承载了较高的历史文化价值，或者有着较高的工艺水平，或者稀罕少有，具有较高的收藏价值。

（2）精品。

价值高的收藏品多半是精品。大师虽然可能作品很多，但是真正的精品却往往很少，有些还被收藏家终身锁定，所以，在条件许可的情况下，要尽可能收藏精品，让奇货可居变成现实。

（3）齐全。

这里的“全”一是指同一系列的品种齐全，二是指每件收藏品要完好保存。如果不全，会影响其价值及升值空间，甚至有的时候，还难以脱手，造成巨大损失，因此不适合投资。

收藏品投资是个很奇妙的投资，投资巧妙得当，可以实现以小博大，获得巨大的收益，但有时候它又像个“无底洞”，能吸收大量的资金，却不往外吐，所以，秉持正确的投资理念入场很重要，同时，还要具备一定的文化修养和专业知识，平时多研究、多观察、多请教，掌握相关资料，才有可能使收藏品投资顺利进行。

钱币收藏，以钱易钱“五要点”

除了具有法定货币所具备的五种职能(价值尺度、流通手段、支付手段、贮藏手段、世界货币)外，钱币还具有另一种特殊的作用，那就是成为收藏品，而且价值不菲。

钱币究竟有哪些“神通”才让自己成为一种价值不菲的收藏品的呢？下面就是它的与众不同之处：

（1）具有艺术欣赏价值。

不管是纸币，还是硬币，它们上面都绘制或刻有代表性的图像，包括历史人物、名山大川、风景名胜、珍贵花卉等，这些图案富有象征意义，寄托了深刻情感，且都经过名家反复揣摩、精心设计，因此，具有极高的艺术价值和欣赏价值。

（2）知识的载体。

钱币是知识的载体。通过钱币人们可以了解到政治、经济、历史、艺术、科技等方面的知识，以古钱币齐刀为例，齐刀是春秋时期齐国铸造的货币，以厚大精美而著称，它的出现表明齐国形成了独立的刀币体系，标志着齐国货币制度的进步和成熟。小小的钱币上承载着丰厚的历史文化，令人赞叹不已。另外，从钱币的材质、印制等方面，还可以了解到当时有关印制技术等方面的知识。

（3）具有史料和文物价值。

正如上面所说，每一套钱币的诞生与当时的政治、经济、文化、艺术以及科技都有着密不可分的联系，因此借助这些小小的钱币，就能了解到当时的政治、经济、文化、科技等，这种情况下，钱币就具有了极高的史料和文物价值，特别是那些古钱币更是不可多得的历史实物资料。

（4）具有保值增值功能。

物以稀为贵，随着一些停用退出流通领域的钱币和限量发行的金属流通纪念币越来越少，钱币越来越“值钱”，价格不断被推高，其收藏价值已远超过票面价值，增值几十倍，甚至上百倍，因此吸引越来越多的投资者加入。

钱币收藏需要一定的鉴赏知识，要不然会好坏不分，将价值不高的钱币当作宝贝收藏起来，或者将有价值的钱币弃之如敝履。一般来说，收藏钱币要注意下面的要点：

（1）留真去假。

假币的收藏价值与真币无法相提并论，所以在收藏时一定要慧眼识真，留真去假，这样才能让收藏有意义，也才可能实现钱币收藏保值增值的目的。

（2）明确划分。

通常情况下，钱币类型有所不同，自身的收藏价值也会存在一定的差异，因此投资者在收藏的时候，需要多加留意藏品的图案和设计制作技巧，比如要仔细查看面额、年号等细微之处，这些细微之处的差异，有的时候将决定其市场价值和升值空间，因此一定要掌握相关鉴别技巧。

（3）品相要佳。

在挑选钱币收藏的过程中，要注意挑选那些品相佳的藏品收藏，以便于日后保管，研究价值高。举例来说，如收藏使用过的第一、二套人民币，如果品相差，无论从增值角度还是从研究角度来看，收藏的意义都不大。第三套人民币退出市场流通时间不长，品相较好，如果价格适中的话，是可以考虑收藏的。

（4）错版钱币谨慎收藏。

由于制造等方面的原因，有少量的错版钱币在市场流通过，有一些投资者借机炒作，投机牟取暴利。对于错版钱币的收藏需要谨慎，有些错版钱币数量较少，未来升值空间较大，但有些错版钱币又毫无收藏价值，更有一些不法分子采用化学褪色、挖补、改刻等手段伪造出来错版钱币，诱骗投资者购买，所以，一定要谨慎收藏错版钱币，没有十足的把握，不建议购买收藏。

（5）收藏特殊号码币。

全世界的钱币收藏者几乎都有收藏特殊号码币的习惯，实际上，特殊号码钱币有独特的自身价值和艺术欣赏价值，因此才受到收藏者的追捧。就拿收藏人民币来说，如果能按照一定的号码规律收集成系列，那么其收藏价值势必会提高数倍，甚至百倍。

一般来说，收藏价值最高的是全同号，特别是5、6、7、8这类的全同号，其他特殊号码纸币收藏价值从高到低是：顺序号、AB号、对称号、小号、多重尾号、重叠号等。

随着社会经济的发展，钱币收藏逐渐热门起来，很多钱币价格一路暴涨，市场行情非常火爆，目前很多投资者还在不断参与进来，这更加提高了钱币收藏的升值空间，完全可以预见将来钱币收藏热潮必将更加高涨。

邮品收藏，小投资换来大收益

随着收藏投资热的兴起，集邮以其成本低、品位高、升值潜力大成为了投资的热门。这里的邮品不仅仅包括邮票，还包括邮政机构发行和使用的封、片、简、戳等邮政用品，比如：首日封、纪念封、原图卡、邮政明信片、邮资封、小全张、小本票、小型张、纪念邮戳等。

邮品，特别是邮票，方寸小纸展示着博大精深的世界，承载着深厚的文化，从一个侧面反映了历史的进程，另外，从图案的设计、制版、印刷等方面，还可以看出当时的技术水平、人们的审美趋向，一句话它是人类智慧的结晶。正因为集邮具有如此的魅力，才使它成为一项可获丰厚回报的经济活动。

但是不是所有的邮品都具有收藏价值，都会给收藏者带来丰厚的回报，比如一般的普通邮票就没有多大的收藏价值。那么，什么样的邮品才具有收藏价值呢？以邮票为例来说一说，通常情况下，下列邮票的收藏价值比较大：

（1）发行数量少的邮票。

一般来说，邮票发行量的多少与升值幅度成反比，即发行的越少，可能升值的越高、越快。总体来说，1991年以前发行的邮票收藏价值大。

（2）题材好的邮票。

这类邮票以生肖邮票、书画邮票、名著邮票为代表。它们设计精美，承载的历史文化厚重，兼具艺术和欣赏价值，受到投资者的青睐和追捧，升值潜力大，空间明显。

（3）“特”字邮票。

“特”字邮票是在突发事件时发行的邮票，是发行计划上没有的，编号上有“特”字。由于发行数量少，再加上具有特殊意义，因此物以稀为贵，比如2003年万众一心抗非典“特”字邮票，还有2008年抗震救灾“特”字邮票。

（4）设计漂亮、品相好的邮票。

这类邮票以设计精美、品相好著称，比如连票、圆形邮票、菱形邮票、多边形邮票、不规则图形邮票等。80版猴票影雕套印，图像美观，印刷精致，价格一直居高不下。

品相是邮票质量非常重要的因素。通常，新票要：票面完整，没有破损，没有折痕，图案端正，颜色鲜艳，不褪色变色；齿孔完整，不缺角；背胶完好。旧票要：票面完好，不揭薄，邮戳清晰，邮戳销于邮票一角，具备这样特征的邮票为上品。

(5) 未使用过的邮票。

通常情况下，对于同一种邮票来说，全新的邮票比用过的、盖过邮戳的价值要高。新票非常适合初涉邮市的收藏者。盖过邮戳的邮票一般价值不高，但是如果发行较早，存世不多，价格也可能高涨起来。

投资都是有风险的，邮票投资也必然存在一定的风险，热门的东西一定有原因，而看好的东西未必会有好的市场，所以要抱着理智的收藏心态投资，同时，还要学会观察市场动向，并掌握相关的投资策略和技巧。以邮票收藏为例：

(1) 认识邮票的真实价值。

邮票是具有货币功能的特殊投资品，其价值的高低受题材、发行时间、发行量、存世量等诸因素的影响，同时亦受投资者的炒作影响，所以某一时间的价格并不能代表其真实价值。在投资收藏时，要综合考察，尽量少受炒作泡沫的影响，客观判断邮票保值增值的因素是否具备。

(2) 要量力而行。

邮票收藏属于一项长期的投资行为，收益可能不会在短时间内实现，所以在收藏时最好要量力而行，在没有绝对把握获利的情况下，不要盲目投资，以免影响基本的生活。

(3) 选准投资品种。

邮票品类对价值影响巨大，所以一定要认真挑选收藏的品类。通常情况下，1991年之前的“老纪特”邮票由于发行量较小，无法满足集邮者的需要，因此物以稀为贵，价格普遍很高，保值、增值趋势明显，是长期收藏投资者的首选。

(4) 要注重保管。

邮票的保管很重要，如不懂得科学保管，则很容易破坏品相，拉低收藏价值。邮票最好要放入邮册内保存。邮册适宜放在干燥通风的地方，并且要保持直立状态。取放邮票时，一定要使用镊子，一定不要直接用手去摆弄。

作为一种高品位的投资，邮票收藏兼具投资与收藏的双重价值，对投资者的修养和情操有一定的提升作用，只要投资者具备一定的相关专业知识、正确的投资理念、敏锐的市场洞察力，审时度势，及时购进，及时售出，最终就一定会获得满意的投资回报。

古典家具收藏要懂的六大关键词

古典家具收藏大致可分为两类，一类是收藏有价值的旧式家具，主要指明清时期的传统家具。明清时期是我国传统家具制作的高峰时期，也是水平最高时期，其制作工艺登峰造极，因此，这时期的家具已具有文物价值，再加上存世数量不多，价格自然是居高不下。二是收藏明清时期的仿制家具。这类家具是现代工人仿照明清时期的家具形状、工艺精心制作而成，如果采用的是上好的材料，那么其价格也相对昂贵，同样具有很好的收藏价值。

并不是所有的古典家具都价值不菲，事实上，只有一部分的古典家具才具有高价的特质，那么，什么样的古典家具才有幸具备这样的高价特质呢？通常情况下，如果古典家具能跟下面这六大关键词对应上，那么其价值多半就“仰视可见”了。这六大关键词是真实、完整、款型、传承、路份、存量。

（1）年代真实。

高价值的古典家具的一个重要前提是真实。这里的真实指的是年代真实，即家具要真正的古典，并非后来的仿品，即赝品。如何才能知道家具的年代呢？在这方面业内还没有一个有效的判断方法，人们只能凭借经验、眼光来判断，或者是从家具的传承脉络来找寻依据。

（2）完整无残缺。

古典家具的完整无残缺，指的是家具的各个部件没有残缺，很完整，而且要力求原装，没有经过后世的补配修改，如果出现了重大修配，那么家具的价值势必会大打折扣。

（3）款型美观。

收藏古典家具多半是看重它的艺术、欣赏价值，而非实用价值。一件古典家具如果款型美观，审美韵味十足，那么它所承载的艺术价值就高，自然市场价格也就随之高昂。反之，如果款型差，缺乏美感，艺术价值就低，收藏价值也就随之大减。

（4）传承清晰。

正如豢养宠物人士注重宠物的血统一样，古典家具的收藏者也非常看重古典家具的传承，如果一件古典家具传承清晰，说得清“来路”，那么必然被收藏者当作“正品”来收藏，价格也是只高不低。

（5）“路份”级别高。

民间收藏者经常用品相和“路份”来描述和判断一件收藏品的价值，所谓“路份”，通常是对器物是否属于高雅玩物的评价，对家具来讲，就是对家具的出身和等级的评定。古典家具非常讲究“路份”，在类别、规格一样的情况下，文人家具、宫廷家具要比民间家具“路份”高；厅堂家具、书房家具要比卧房家具、厨房家具“路份”高。

此外，古代社会对应的礼仪制度严谨，不同的家具类别常为不同身份的人所设计和使用，如宝座是供帝王专用的坐具；交椅是重要人物的座椅，“路份”都很高。“路份”级别高的家具，自然价格不菲。

（6）存世量稀少。

物以稀为贵在收藏界被当作一句金言。相比赝品而言，有可靠的年代依据且保存完好的家具留存后世是稀少的；相比那些款型不好的普通家具，款型设计出彩的精品家具是稀少的；和民间私人收藏相比，名人收藏的家具是稀少的；和实用器、民间家具相比，“路份”高的礼器、宫廷家具是稀少的。简而言之，存世量稀少的古典家具在市场通常容易获得收藏者青睐和追捧。

自进入21世纪以来，古典家具收藏呈现良好上升的趋势，市场价格一路飙升，收藏前景诱人。虽然如此，也一定不要以为随便收藏一件古典家具都会获得丰厚的回报，任何投资都是有风险的，家具收藏自然也是如此。收藏者要本着科学的投资收藏的理念，审时度势，仔细调研市场，揣摩业内行情，看好了市场再入场。

书画收藏价值鉴定“六要诀”

简单说，书画收藏就是指人们对书画的收集、保护、管理、研究、弘扬和交流的活动。书画收藏中，古代书画收藏为主流。现以收藏我国古代书画为例，来说一说古代书画收藏的要点。在我国古代书画精品以丰富的文化内涵，深厚的笔墨功力以及独特的历史价值为特征，存世稀少，因此成为书画投资中的热门，自有艺术市场以来，价格一直以稳定的态势逐步上升。如北宋黄庭坚的手书作品《砥柱铭》拍出4.3亿元，元代画家王蒙的《稚川移居图》拍出4.02亿元，王羲之摹本《平安帖》拍出3.08亿元等，从中可见古代书画越来越受到藏家的追捧。

由于古代书画历史久远，良莠难辨，再加上有大量的伪作品鱼目混珠，导致古代书画收藏成为一个“门槛高、风险大”的投资项目，一定程度上让收藏者望而却步。但是另一方面，其丰厚的投资回报又强烈吸引着收藏者涌入，那么应该从哪些方面来鉴定古代书画的价值呢？下列的六个方面被证明是行之有效的：

（1）多看真迹。

书画作品的真伪关系重大，其真伪判断的途径主要就是对真品和伪作进行比较，寻找两者之间的差距。由于大多数的真品名迹都珍藏在博物馆里，因此可以去博物馆一窥真迹。待对真品的发展脉络及风格面貌都有了一个较为清晰的认识与了解后，再去对收藏品作真伪的判定，就心中有数。

（2）勤翻图录。

现代印刷行业、出版行业很发达，很多古代书画名家包括他们的作品都被印刷在册，不但图像精美，而且资料详尽，这对了解作者以及作品提供了极大的便利，毕竟观看真迹的时机不是经常都会有的。因此，要勤翻阅一下这些图录，以加深对作者和作品的了解。

（3）了解代笔作伪。

代笔就是代替作者本人去写，这种情况一般是在作者本人同意或在作者主动示意下发生的。由于代笔之人通常和作者本人比较熟悉，有一定的水平，再加上同处一代，因此仿制水平往往很高，其仿制品和真品很难区分。作伪就是在作者本人不知情的情况下仿冒，情况比较复杂，常带有较强的地域性。水平往往相差很多。作为收藏者，要尽量多地了解代笔和作伪的情况，这对鉴定作品的价值有很大的帮助。

（4）看题款钤印。

在我国，在书画上署款的历史不算很长。北宋时画家多把名款题在比较隐蔽的地方。元代开始这种方式真正流行起来。此外，在画上题记与题诗也开始大量出现。题款钤印有很多不成文的规定，了解这些关于题款钤印的常识，可以帮助你辨别书画的真伪。

（5）看名家题跋。

题跋是指写在书籍、碑帖、字画等前后的文字，写在前面的叫做题，写在后面的叫做跋。古代字画由于历代流传珍藏，其上多有历代藏家与鉴家的题跋与观款。如果对此有所了解，就可以通过这些题跋和观款了解作品的收藏历史以及其他关于作品的情况，这对判断作品真伪有极大的帮助。很多造假者利用人们看重题跋的心理，投其所好在伪造题跋上下功夫做文章，因此在遇到这些“题跋”时，应仔细查看，以防上当。

（6）看纸张装帧。

书画作品要在一定的“载体”上显现，这个载体一般是各种纸张。纸张对作品的展现有一定的影响，两者相辅相成，可以通过对纸张的鉴定，增加对作品的了解。实际上，书画作品不仅仅与纸张有关系，与装帧形式、用墨、用印规范、避讳制度、人际称谓都有一定的关系，如果了解关于这些方面的知识，就可以很轻松地发现伪作的“破绽”。

书画除了收藏，以作欣赏外，还可以作为一种保值增值的投资方式，一般来说，收藏价值大的作品投资价值亦大。须记得，书画投资要量力而行，不要做超出自身能力的投资。这是因为书画投资是一项长期的行为，如果不量力而行，容易给生活带来不便。

此外，书画投资不要贪多，专注一两个门类即可，特别是刚入门者，更不易贪多，而要集中精力弄通某个类型或某个作家作品的行情，掌握其艺术特征，在经验、眼力都提高上去后，再有计划地稳步推进，方为上策。

还有，最好不要买有争议的作品。书画市场伪作甚多，有时候真假难辨，如没有十足的把握，最好不要购买不明确真伪的作品，如果确实想买，可以请专家帮助鉴定。

当前书画艺术市场异常繁荣，交易火爆，但同时也是赝品最疯狂的时期，此种情况下，要想收藏不被骗，只有努力掌握相关鉴别知识，练就一双雾里看花的慧眼，才有可能购得真品，获得丰厚回报。

牛市、熊市、牛皮市操作策略四方法

收藏的市场，行情一般可分为牛市、熊市以及牛皮市三种。牛市和熊市与股票市场相差无几，牛皮市指价格变化不大的市场状态。牛皮市时，市价像被钉住了似的上下起伏不大，如牛皮之坚韧，故有“牛皮市”之称。在采取具体操作策略时，要根据市场行情的特点而定，市场决定策略，如果行情变了，策略也要变，不能行情变化了，策略还固守不变，那样只会让自己处处被动，最后狼狈出局。

（1）牛市时要利上加利。

收藏市场一片繁荣景象，自身条件许可的情况下，适宜采取利上加利的投资策略，大举入市，以获得更大的收益。举例来说，如果有一件藏品，投资者如果预期其价格会继续上涨，那么就可以出手将其收入囊中。当价格涨上去后，将之售出。如果预期还会继续上涨，还可以继续购入这种藏品。当其价格在持续上涨时，可以继续买入，或者相继出货。这就是利上加利的投资策略。

当然，这种操作策略不能保证买入的所有收藏品都能够获利，但是只要适时地平仓出局，那么仍然会获利不少。这个方法的关键是要把握好出货的时机，只要不做过头，赚钱是肯定的，只不过是多赚些少赚些的问题。

（2）熊市时要舍小求大。

在行情看好的时候，收藏者购入了某种藏品。可是，行情不可能一直上涨，有一天行情下跌，而且还有一跌再跌的趋势，这时，收藏者应该在损失还不是很大的时候及时将藏品抛售。之后在这种藏品继续下跌过程中，再找机会买入，这样就挽回了过去的损失，这就是“舍小求大法”。

（3）熊市时积极求合法。

这种策略适用于收藏者误判形势的情况。在牛市时，收藏者预期某种藏品会升值从而不断购进该藏品。可是市场变幻莫测，该藏品价格不但没有继续上涨，反而下跌。这种情况下，如果预测市场行情会反弹，那么，可以在行情一跌再跌的情形时，不断买入这种藏品，以分担自己的总投资成本，这就是积极求合法。

试想一下，如果在暂时不利的情况下，就偃旗息鼓，势必会或多或少遭受损失。而价格一旦反弹，收藏者不但极有可能挽回损失，而且还有可能获利丰厚。

舍小求大法和积极求合法都是在熊市时采取的措施，只不过两者适用的情况不同，舍小求大法适用于行情一直下跌的真正熊市，而积极求合法适用于行情短暂下跌的“伪熊市”。另外，积极求合法需要不断注入新资金，而舍小求大法则无需注入新资金。

（4）牛皮市时积少成多法。

牛皮市时，即市场行情平稳而且未能预见任何能够使收藏市场大起大落的因素的情况下，最适宜采用积少成多法了。具体操作就是每逢行情上涨就卖，每逢行情下跌就买。这样做固然收益不大，但是，如果反复多次，就会积少成多，总体收益还是不错的。

市场处于牛皮市时，要学会等待和观察，等待是希望等到好的机会，等到行情看涨或下跌，以决定卖出或买入，从中获益。观察是要密切注视市场的动向，捕捉最佳的出手时机。

第十一章 做永远有钱的自己
——保险理财

同股票、基金、黄金、票据一样，保险也是一种重要的理财方式，但与其他理财产品不同的是，同为理财产品，保险还是理财的重要基础之一，获取收益的同时，还能兼顾为你的人生保驾护航。

保险不只是保障，还可以理财赚钱

每个人从出生开始，一直都处在消费状态中，可以赚钱的时间是有限的，在这有限的时间里，我们赚的钱要应用到很多方面，比如：日常生活开支、学习费用、孩子教育、赡养父母等，而且还要应付预知的、未知的风险，正所谓凡事预则立不预则废，所以，我们要及早为人生做规划，未雨绸缪，最大程度保障自己安稳的幸福生活。

在我们为人生所做的规划中，保险是绝对不可或缺的。保险的意义是什么呢？保险首先是一种风险保障，有人把保险比喻为一把伞，在风雨来临和炎炎烈日下为你遮阳挡雨；有人把它比喻为一道防盗门，可以让你安然入睡而不用担心盗贼入门。还有人说保险是一根救命的稻草，在危急的时候可以救人于危难间。

一位学者曾这样说："保险的意义，只是今日做明日的准备，生时做死时的准备，父母做儿女的准备，儿女幼小时做儿女长大时的准备，如此而已。今天预备明天，这是真稳健；生时预备死时，这是真豁达；父母预备儿女，这是真慈爱。能做到这三步的人，才能算做现代人。"

可见，保险是给自己未来的一种保障，也是给儿女的一种保障，毕竟我们面临的最大风险就是无法预知自己的未来。谁的人生之路也不可能一帆风顺，总会有波折起伏的，生病、失业、婚姻变故等等，保险就是为应对以上这些无法预料的事情所做的准备，是我们个人健康、家庭生活稳健的重要保证。

给自己买保险，可以在发生意外或者失去劳动能力时仍然保持经济独立和个人自尊；可以在自己年龄大的时候老有所养，从而减轻子女的负担。从这个角度讲，我们很有必要投入少量资金购买保险，以便在意外情况发生时能弥补损失。

另外，保险还可以作为子女的教育基金，以最大程度保证孩子在受教育阶段能够享受到良好的教育，也体现出父母对孩子的关爱。

从经济角度上讲，保险也是用来规划人生财务的一种工具，即一种另类的理财方式，但是保险这种理财方式又与其他理财方式有所不同，可以把保险理财分解为两个层面来理解。

第一个层面是利用保险产品的保障功能，来管理我们在生活中不可预知的人身风险，以保证实现我们的人生目标。这实际上是侧重于利用保险的风险保障功能。举例来说，你有一笔存款，为了防止生活中发生的“万一”，你不敢花这笔钱，而是将它存入银行。但是，如果你拿出这笔钱的小部分投保，那么你可以得到同样的保障，而且还可以把剩下的钱投入到其他金融产品中去，以创造更多的收益。

要明白，保险不是储蓄，两者有着本质的差别，储蓄获得是只是利息，而保险获得的则是保障。一年储蓄几万块钱可以得到几百元的利息，而花几百元保险可以得到几万元的保障。可以这样想，如果把储蓄得到的几百元利息投到保险上，那么资金就保值、增值了几十倍。

保险理财的第二个层面是指保险本身附带的理财功能。近些年，随着金融理财的火热，几乎所有的保险公司都推出新产品，这些新产品的特点是在保障功能的基础上实现保险资金的增值。这是应形势发展需要而做的举措，一定程度上满足了广大投保人的投资意愿。

虽然保险理财的收益可能不如投资股票、基金、债券所得，但是风险较低，收益稳定，最为关键的是它还有保险的功能，这一点是其他理财方式所不具备的，正因为如此，这种理财方式刚刚推出，就获得了人们的欢迎和青睐，一定程度上，刺激了人们的投保愿望，扩大了投保人群。

“平时注入一滴水，难时拥有太平洋”，保险是社会生产和家庭生活“精巧的稳定器”，它极大地保障了我们所能享受到的安稳、幸福的生活，它的最大的用途就是：平时当存钱，用时不缺钱。我们没有拒绝生病的权力，但应该懂得防患于未然，必要的保险是我们实现这一目标的有效途径。如果在此基础上，还能获得一定的收益，那是两全其美的好事，何乐而不为。

人一生不可或缺的五份保险

保险的意义是可以给稳定生活以重要保障，正如有人所说的“买保险不是因为有人要离去，而且是因为有人还要继续活下去；有时我们不能延长生命来照顾亲人，但可以通过保险延长自己的经济生命来照顾我们的家人。”不可否认，保险在我们生活中确实扮演着重要的角色，特别在现代社会，食品安全问题、环境卫生问题、交通秩序问题，给我们的生命财产带来了严重影响，保险更应成为我们保驾护航的有力“武器”。

保险分为很多种，每个种类都有自己的特点和适用人群，正所谓“不买最贵的，只买最好的”。这里的“好”指的是最适合自己的。虽然每个人的生活状况不同、经济条件不同，对保险的要求也不同，但是安全、健康却是每个人最基本的要求，这里的安全不仅仅是指人身的安全，还应该包括财产的安全。

下面这五份保险是你必须要为自己提供的，它们不仅可以为你生命提供保障，还可以在很大程度上保证你的财产安全，让你在遭受意外的情况下避免遭受损失，或减少损失。

（1）意外伤害险。

意外伤害保险是人身保险的一种，简称意外险，是以意外伤害而致身故或残疾的人身保险。意外伤害保险承保的是意外伤害，保险公司对意外伤害的定义一般是：遭受外来的、突发的、非本意的、非疾病的使身体受到的伤害。

从定义可知，意外伤害险有两个功能，一个是身故给付，另一个是残疾给付。通常保费低廉，一般几百元不等，保额通常为几十万。由于它只是针对短期性质的安全保险提供了保障，过期失效，所以，它最好和人寿保险搭配投保，即把意外险附加在一个适当的人寿险里面，这样才能更好地给自己提供保障。

（2）重大疾病险。

重大疾病险简称重疾险，是以患上重大疾病为给付条件的人身保险。现代社会，生存环境持续恶劣，食品安全愈加严重，很多人，特别是在大都市里工作、生活的人群，熬夜干活、疏于锻炼，很多人都处于亚健康的状态，发病率越来越高，再加上医疗费用越来越高，可能一个普通的感冒就要花上千元，更何况患上重大疾病，真的是病不起。这种情况下，除了努力工作多多赚钱，勤加锻炼减少生病外，我们还要给自己上一份重大疾病险来加强对自己的生命健康的安全保障。

购买了重大疾病险，只要确诊的疾病是符合保险条款中的保障对象，那么就可以一次性获得保险公司的给付，不需要自己在病后垫付医疗费用，更重要的是减轻了个人的医疗支出负担。

另外，有些重大疾病保险还有理财功能，这就是重疾险的新型品种——返还型重疾险，这种类型的保险需要固定缴费满一定年数，中间不能断，否则退保损失会很大。在缴满规定的年限后，如果没有发生理赔事件，那么最终缴费者将有一定的利息回报。如果出险，则可以获得一次性赔付。

（3）财产保险。

财产保险是指投保人根据合同约定，向保险人交付保险费，保险人按保险合同的约定对所承保的财产及其有关利益因自然灾害或意外事故造成的损失承担赔偿责任的保险。《中华人民共和国保险法》第九十五条规定：财产保险业务包括财产损失保险、责任保险、信用保险、保证保险等保险业务。

财产保险可保财产包括物质形态和非物质形态的财产及其有关利益。可保物质形态是指以物质形态的财产及其相关利益，也常被称为财产损失保险，比如，地产、设备以及家庭财产保险等。

可保非物质形态是指以非物质形态的财产及其相关利益，主要是指各种责任保险、信用保险等，比如，职业责任、雇主责任、信用保险、投资风险保险等。需要注意的是，不是所有的财产及其相关利益都可以作为财产保险的保障对象，只有那些符合财产保险合同要求的财产及其相关利益，才被列入财产保险的保障对象。

（4）养老保险。

养老问题一直是人们很关心的一个重大问题，三十年后，谁来养你。子女吗？现在家庭多是独生子女家庭，这样，将来一对夫妻将面临赡养四个老人的局面，困难的程度可想而知，老人想要过一个安稳有保障的晚年，不得不说有一定的难度。有效的解决方式就是未雨绸缪，提前给自己买一份养老保险。

养老保险是以人的寿命和身体为保险标的保险，当人们遭受不幸事故或因疾病、年老导致丧失工作能力、伤残、死亡或者年老退休后，根据保险合同的规定，保险人对被保险人或受益人给付保险金或年金，以解决病、残、老、死所造成的经济困难。

如果资金充裕，可以早些上养老保险，一是缴费时间越长，越有利于领取时待遇的提高，二是养老保险有理财功能，越早买获得的收益也就越大。

(5) 子女教育险。

子女教育保险又称为子女教育金保险，也叫做少儿教育险，是针对少年儿童在不同生长阶段的教育需要提供相应的保险金。该保险充分体现父母对子女的呵护和关爱。

子女保险金在现代社会愈发重要，因为现在孩子的教育费用越来越高，绝大多数年轻的父母，除了让孩子在学校接受正规教育外，还把孩子送进各类培训机构，尽可能开发孩子多方面潜能，从经济方面来说，这必然要加重父母的经济负担。为了减轻教育费用压力，也为了保障孩子能够接受更好的教育，为人父母者就要在条件许可的情况下，未雨绸缪提前给孩子准备教育金。子女教育险就是一种很好的选择。事实上，子女教育险的意义有两点，第一点就是充实子女教育所需的资金储备；第二点是可以享受投资收益。

三张财富保单：分红险、万能险、投资联结险

保险中有三类保险的投资性比较高，可称之为投资性保险，如果能洞悉它们的秘密，再加上巧妙利用其优势之处，那么就会让投资增效、财富增值，因此，这三类险种可谓是让投资增值的三张财富保单。下面

就对这三类险种进行剖析：

（1）分红险。

分红险是指保险公司将其分红保险业务实际经营产生的盈余，按一定比例以现金红利或者增值红利的方式，分配给客户的一种保险品种。它在给客户提供保障的同时让保单持有人享有与保险公司分享分红保险盈余的机会。通常情况下，保单持有人获得保险公司盈余分配的比例不低于当年可分配盈余的70%，可以有效抵抗通货膨胀和利率变动。

按照相关规定，分红险的红利是免利息税的，同购买国债享受一样的待遇。按照目前我国保监会的规定，分红险的投资渠道为：

a.大额银行长期协议存款；

b.国债；

c.AA级以上信誉企业债券；

d.国家金融债券；

e.同行业拆借；

f.证券一级市场（10%），证券2级市场（10%）；g.直接或间接投资国家基础设施建设等。

分红险的红利主要来自三个方面：费差益（因发生的费用而产生的盈余）、死差益（因死亡率产生的盈余费差）和利差益（因投资收益产生的盈余）。虽然其保障部分的资金预定利率为2%～2.5%，但允许保险公司每年向投资者派发可浮动的“红利”。

在风险方面，由于分红险的投资渠道收益相对稳定，因此，投资者和保险公司承担的风险较小。

事实证明，分红保险以其保费保值、定期返还并外加红利的方式，赢得了投保人的青睐，并借助便利的银行销售网络，成为了保险市场的新宠。

(2) 万能险。

万能险是一种兼具理财和保障双重需求的新型寿险产品。首先万能险是一款保险产品，具备人寿保险的基本功能，能给投保人提供基本的人生保障。其次它还是一种理财工具，投保人的大部分保费用来购买由保险公司设立的投资账户单位，由投资专家负责账户内资金的调动和投资决策，将保护的资金投入到各种投资工具上。

万能险之所以它“万能”，主要是因为交费灵活，可以任意选择、变更交费期；二是保额可调整，可以在一定范围内自主选择或随时变更“基本保额”，从而满足人们对保障、投资的不同需求；三是保单价值领取方便。投保人可以随时领取保单价值金额，作为子女的教育金、创业金、医疗储备金等。

在投资收益方面，万能险设有最低保证利率和历史年化结算利率，最低保证利率一般为1.75%～2.5%，而超过最低保证利率的部分则是不确定的，通常以保险公司每月月初公布的结算利率为准。通常，各保险公司的保证收益往往是不同的，最终收益要取决于保险公司的资金运用水平和综合管理能力。

需要注意的是，万能险的保证收益并不是全部保费的收益率，而是扣除费用及保障成本后的保费进入单独账户的部分。

按照规定，万能险投资账户，除了可以做债券投资外，还可以投资股票二级市场，但是其投资股票二级市场的比例不能超过80%。在风险承担方面，万能险的投资收益与风险由保险公司与客户共同承担，所以，风险性相对较小。

(3) 投资联结保险。

投资联结保险简称投连保险，顾名思义就是保险与投资挂钩的保险，是指一份保单在提供人寿保险时，在任何时刻的价值是根据其投资基金在当时的投资表现来决定的。

投连保险的保障功能主要体现在被保险人保险期间意外身故，会获取保险公司支付的身故保障金，同时通过投连附加险的形式，可以使用户获得重大疾病等其他方面的保障。

投资方面的主要收入是投保人通过保险公司向股市、债券、货币等资本市场进行投资所获的收益。每个投保人都有保险公司为其设立的投资账户，投保人可以根据风险、偏好，有选择地将资金放入不同的投资账户中。

按照规定，投连保险设立的投资账户，除了可以投向债券投资外，还可以投向股票二级市场，而且其投资股票二级市场的比例可以为100%。

和万能险有最低保险收益不同的是，投连保险并不保证最低保险收益，其收益完全依靠自己投资所得，而风险也完全由自己承担，因此投资风险很大。根据承受能力，投资账户的形态有激进型、稳健性、保守型可供选择。

凡事有利有弊，反之，有弊也会有利，一方面，保险公司投资收益比较好时，投保人也将获得较高的投资回报；反之，保险公司投资收益不理想时，投保人也将承担一定的风险。另一方面，由于没有了最低保险收益的保证，保险公司可以制定更加积极的投资策略，通过对资金的有效组合和运用，使资金发挥更大的效率。这种情况下，投保人就有可能获得比采用固定利率的保险更好的投资收益。

不买最贵的，只买最合适的

买保险重在适合自己，而不是越贵越好，再贵，如果不适合自己的实际情况，自己得不到实惠，又有什么用呢？那么如何知道一种保险是适合还是不适合自己呢？这自然要看自己的生活状况、经济承受能力以及自身对保险的实际需求等情况，其中身处人生哪一阶段对上何种保险有着至关重要的影响，可以说，人生所处阶段不同，对保险的需求也迥然各异，下面是人生不同阶段适宜购买的保险，不妨参考一下。

（1）青年时期保险以保障为主。

青年时期还没有成家，为单身贵族阶段，同时也是一个人身体状况的黄金时期。这个阶段虽然没有过多的积蓄，但经济上多已经独立，同时所需承担的经济责任相对较少。此时主要的风险来自意外伤害，特别是那些喜欢开车的年轻人，意外伤害的几率更大，所以，这个时期的保险应以自身保障为主，可以选择定期寿险附加意外伤害保险，在发生意外造成伤害后，可以为自己或者家人提供治疗资金，减轻经济负担。

定期寿险是指在保险合同约定的期间内，如果被保险人死亡或全残，则保险公司按照约定的保险金额给付保险金。定期寿险要比终身寿险划算，具有“低保费、高保障”的优点，保险金的给付将免纳所得税和遗产税。如果收入低，可购买缴费为20年期、保额为10～20万元的定期寿险。如果经济承受能力强，可以购买终身寿险。

意外保险是指投保人向保险公司缴纳一定金额的保费，当被保险人在保险期限内遭受意外伤害，并以此为直接原因造成死亡或残废时，保险公司按照保险合同的约定向被保险人或受益人支付一定数量保险金的保险。意外险保费低，承担意外伤害责任，经济实用。

这个时期，养老保险可以暂缓考虑，等收入稳定时再去考虑。当然，如果经济较为宽裕，那么也可以考虑，比如普通寿险、养老型险、生死两全险等皆可以考虑。

（2）家庭期保险以家庭保障为主。

大多数人在三十岁左右步入婚姻殿堂，建立了自己的一个小家庭，这个时期是人生的重大转折阶段，孩子出生，并不断成长，父母渐渐老去，可谓上有老，下有小，生活压力倍增，此时，夫妻任何一方发生意外，对整个家庭来说都将产生重大影响，因此这时期的保险需求是最高的时期。

正因为如此，这时期的保险需要从整个家庭的风险角度出发来选择。

第一，最需要购买的是意外险。如果“家庭的经济支柱”遭遇意外，无疑将会给原本稳定的家庭生活造成巨大创伤，甚至家庭会因此支离破碎，所以，给“家庭经济支柱”买一份意外险是必不可少的。万一遭遇不幸，保险公司的赔偿将给家庭提供一个保险屏障。

第二，要为“家庭经济支柱”购买人寿保险，如果“家庭经济支柱”不幸离世，所投保的寿险也会支付养老金，从而为家庭增添了一道保障。

第三，要为家庭其他成员选择重大疾病和意外保险，以避免家庭成员在罹患疾病时不会给家庭经济造成重大冲击。

第四，要给孩子买一份教育保险，这是为了减轻教育费用压力，也是为了让孩子能够接受到更好的教育。可以选择教育金等储蓄性的产品，也可以选择复合险种，覆盖孩子的教育、医疗、成家、创业等方面，力争为孩子美好的生活创造有利条件。

第五，要买一份养老保险。为了老有所养，这个时期要为退休养老做一些准备，购买养老保险就是一种必要的准备，而且是越早准备越好。

第六，要选择投资性保险。购买投资性保险的目的自然是为了使保险成为一种理财工具，以增加收入。在经济条件许可的情况下，可以投资分红类产品或者年金类产品。其中年金类产品可以保证你在退休之后，有一定的生活保障，不致为生活费而发愁。目前有的保险公司按年支付年金，有的是按月支付。投保人可根据自己的偏好进行选择。

在保费支出方面，一般情况下，以不低于夫妻二人年收入的10%为准，条件许可的话可达15%。如果没有特殊原因，不要退保，因为退保需要承担一定的经济损失。

(3）老年期以养老保险为主。

老年期，以享受美好生活为主。为了保证过上幸福的晚年生活，养老保险是必不可少的。在条件许可下，养老保险越早上越好，而不是到了退休才去购买。如果保险没到期，应继续缴费，一直到缴费到期。到期的保险如果是带有分红、返还本金性质的万能险、两全保险等，可以转化为年金型保险、定期险、医疗险、重疾险以及储蓄型养老型等，可根据自身所需选择。

在购买保险时，主险通常要搭配附加险。附加险对主险将起到弥补不足的作用，一般包括健康险、意外险、定期寿险、医疗险等，附加险保费不高，这样，多投入不多的钱就能使保险的保障范围扩大很多，何乐而不为。

自身情况不同，对保险的需求也就不同，同时，各个险种也是针对不同需要而设定的，所以选保险不一定要选贵的（保费高、保额高），而要选择最适合自己的。

买保险，要走出这些认知误区

保险的过程中有这样一种情况：如果自己没有出现意外，没有得到理赔，投保人就认为自己吃亏了，投保的钱白花了。投保人之所以有这样的认识，是因为对保险缺乏正确的认知。实际上，从投保生效开始到保险责任终止，保险一直在发生着作用，只不过由于保险是一种无形的商品，投保人无法真实地触摸到而已。

保险是有双重作用的，既是一种经济保障，又是一种理财方式。在购买保险时，要对保险的两种作用有清醒的认识，要深刻理解保险的两种作用是如何产生效用的，只有深入了解了这些过程以及效应，才能以正确的态度对待保险，也才能够利用好保险。下面是对保险的常见认知误区，了解认知误区是走出误区的必要条件，需要细心揣摩。

(1) 保险意义不大。

很多人对保险认识不足，认为保险可有可无，没有太大的实际意义，纯消费型，能使用上的几率是少之又少。这种认识是不正确的，对于绝大多数人而言，保险绝不是可有可无的，而是十分有必要的。保险一个重要的作用是保障功能，对于经济状况一般的人来说，保险解决万一发生不幸，收入突然中断时的经济来源问题。对于经济宽裕的人来说，保险的作用主要是保全其已拥有的财产。

一些以保障为主的保险，如意外险、定期寿险等，保费不高，一般每年几百或者几千，却能换来几十万元的保障额度，很划算。没事防备有事永远都不是多余的。一旦有意外发生时，保险可提供的保障，是要远远超过你的保费投入的，因此一定要把眼光放长远。

（2）年轻时不用上保险。

年纪轻轻的不用上什么保险，保险是年纪大一些才需要考虑的事情。显然这种观点是不正确的，要知道有些疾病和意外是不问年龄的，难道说年纪轻就不会发生意外？或者说年纪轻就一定不会患重病，还是年纪轻有父母在后面撑着自己就可以肆无忌惮？这些理由都站不住脚。买保险是给自己幸福生活加了一道安全屏障，同时也是对父母负责任的一种体现。另外，越年轻买保险越便宜，而且还可以尽早得到保障。

对于没有储蓄观念的年轻人而言，买保险客观上还有另一项作用，那就是强制储蓄，帮助其养成良好的消费习惯。

（3）有社保就不用商保了。

很多在城市打工的人，公司都为其上了社保。社保属于强制保险，包括养老、失业、疾病、生育、工伤，就是所谓的“五险”。但是这些保险所提供的只是维持我们最基本生活水平的保障，而不能满足家庭风险的管理规划和较高质量的退休生活，所以为了更好地满足家庭风险管理规划和拥有较高质量的退休生活，购买商保还是很有必要的。

商保和社保之间是一种补充关系，两者之间不存在相互替代的作用。恰当的商保可以保证你在遭遇不同的生活困境时，能够得到相应的、额度较高的赔偿，它可以弥补社保在额度、用药等方面保障力度的不足，因此，即使你上了社保，还是有必要再购买一份商保的。

（4）先给孩子买保险。

买保险的一个重要原则就是先大人后孩子，但是却偏偏有一些父母爱孩子心切，总是先给孩子买保险，之后再去考虑自己。这是本末倒置的做法，是不妥当的。孩子固然是重要的，但是只有大人（特别是“家庭支柱”人物）得到了很好的保障，孩子的成长才会得到保障。如果大人发生了意外，将对家庭造成重大影响，必然也会影响到孩子的成长，所以应该是首先为大人购买寿险、意外险等保障功能强的产品，然后再为孩子按照需要买一些健康、教育类的保险产品。

（5）重理财轻保障。

保险有保障和理财两种功效，首要的应是保障功效，理财功效次之。不过却有很多人过于注重理财功效，而轻视保障功效。一般情况下，多数保险产品的主要功能就是保障，而一些投资型保险所特有的投资或分红则只是其附带功能。另外，投资就预示着有风险，也就是意味着可能会产生亏损。一般来说，保障型保险保费不高，但保障作用却很强，当然理赔的情形可能发生，也可能不发生，但是保险预防的就是意外，一旦发生意外事故，保险才真正发挥保障、救急和弥补损失的作用，所以保险要优先考虑保障性，再去考虑投资性。

（6）投的多就报得多。

保险的理赔是有差异性的，也就是说保险的理赔是分情况的，如果投保人发生意外残疾或者死亡，若事前投了多份保险，那么在理赔上是不会有冲突的。但是如果医疗费用保险理赔则不是如此，而是按照保险人实际支出的医疗费用给付保险金。其他像车险中的车损险，家庭财产险等都属于多买不多赔的险种，都是按照实际情况确定赔偿金额的，而不论你在多少家保险公司投保了多少份保险，最后的保险总金额不会超过实际支出的总费用。

以医疗保险费用理赔为例，保险公司医疗费用理赔分两部分，一部分是医疗费用赔偿，一部分是医疗津贴赔偿。前者是根据投保人实际发生的医疗费用支出按保单约定的保险金额给付保险金，理赔时需要投保人出具门诊或者住院发票。后者是保险公司按照合同规定的补偿标准，向被保险人按次、按日或按项目支付保险金。所以在投保时，不要购买太多种类的保险，不仅得不到更多的赔偿，而且还浪费保费。

(7) 只要投保就能获赔。

很多人都有这样一个认知误区，认为只要投保了，一旦有事，保险公司就会赔偿，实际上不是这样的。这里面有一个赔偿责任范围的界定，举例来说，我们平常所认定的“重大疾病”与保险公司合同中的“重大疾病”不是等同的，换一句话说如果被保险人患上的疾病不在保险合同约定的“重大疾病”之列，那么保险公司是不会给予赔偿的，所以在投保时，一定要看清条款，不要稀里糊涂就签字。

第十二章 人人都是银行家
——P2P投资理财

如果你手中有一笔钱想要投资，完全可以通过P2P平台把这笔资金放贷出去以获得高收益，这就是俗称的“网上放贷”。毫不夸张地说，有了P2P这个平台，你也有机会成为银行家，成为大债主。

“P2P网贷”是怎么一回事

P2P网贷是一种投资理财新模式，2005年最先在英国出现，2007年进入我国，之后短短几年在我国获得了迅猛发展，最终成为投资理财新宠。

P2P是“peer to peer”的简写，意思是个人对个人。而P2P网贷就是企业通过互联网搭建一个金融服务平台，借款客户在平台上发布借款申请，投资理财客户可以把闲置的资金通过平台出借给借款人，以获得高收益。

最先P2P网贷是由借款和贷款双方进行自由竞争出价，最后达成协议。其流程缺少监管，仅仅通过网络审核借款人资质，因此坏账现象严重。到2010年，以人人贷为代表的P2P平台出现，推出“先行垫付制度”，意思就是如果出现了坏账，P2P平台先行垫付借款人的本金，这样将原来贷款人和借款人之间的债务关系变更为P2P平台与借款人的债务关系，由此，贷款人的本金有了保障。

虽然“先行垫付制度”一度让P2P网贷出现火爆抢标的局面，但是由于监管不足及其他方面的原因，“跑路”或者倒闭的P2P平台也呈现高发状态。

后来，“风险准备金”模式被引入进来，所谓的“风险准备金”模式，简单说就是对每个成功达成出借交易的项目都计提风险准备金。这种做法给P2P网贷增加了安全系数，使平台的风险大为降低。很多企业和个人看出商机，纷纷注资抢滩P2P领域。

2015年，随着《关于促进互联网金融健康发展的指导意见》的出台，P2P平台正式纳入国家有关机构监管范围，从此P2P平台开始了规范化发展时期。

目前市场上主要存在三种P2P网贷模式：

(1) 纯信用模式。

这种网贷模式直接从国外引进，其最大特点是平台把借款人的资料详细完备地在平台上公布，然后投资人依据自己的眼光甄选所借款项的安全性，自主决定是否接单。平台不承担任何担保责任。借款和贷款都是自由的。

(2) 担保模式。

这种模式是P2P平台和担保公司合作，担保公司推出一些融资项目，然后通过平台发布。投资人根据自身情况和融资项目的特点选择投资项目。

(3) 抵押模式。

实际上，这种模式就是现实抵押贷款模式的翻版，只不过地点发生了转移，从线下转到线上。具体就是借款人将自己名下的房屋、车辆、珠宝等大型贵重物品作为抵押物抵押给平台，而平台通过核查、检验这些抵押物的真实性和质量，评定后确定放款额度，发放给借款人。

综合这三种模式，第二种和第三种模式较为人们所接受，第二种模式，因为有担保公司的担保，风险在担保公司身上，投资人几乎没有风险，只需要选择自己认可的项目投资就可以。第三种模式，因为有抵押物品在，不怕借款人不还钱，也没有什么大的风险，所以成为了最火爆的模式。

第二种模式在国外很常见、很流行，也是最市场化的一种模式，因为借款人要想成功贷到钱，只有客观真实地将自己的情况公布出来，才有可能获得贷款，要不然则很难成功。由于这种模式在国内发展还不成熟，有些环节尚需完善，所以暂时没有获得广大投资人的认同。

P2P借贷看似与我们遥远，但实际上触手可及，只要你愿意加入进来，且具备一定的条件，那么随时都可以加入进来。机会就摆在那里，只要你敢于伸手，学会充分利用，你就能从中获得回报。

投资P2P需要知道的术语

P2P是新鲜产物，很多人对它的理解并不很清晰，对于投资人而言，这种情况是要不得的，特别是对一些专业术语一定要理解透彻，这样才能准确把握投资项目的基本情况，下面是需要深入了解的P2P网贷的一些专业术语，要细心体会。

（1）投标。

在P2P借贷中，投标指一次完整的借贷过程。拿抵押贷款为例，借款人将自己名下的房产或者车辆等较为贵重的物品作抵押物抵押给平台。平台审核评估后，借款人就可以在平台上发布自己的融资信息。一旦有投资者选中了该项目，把钱贷给借款人，整个借贷流程就结束了。这个过程就被称为投标。

（2）自动投标。

指P2P平台为了方便那些没有时间逐个查看筛选借款列表并进行投标的投资人开发的一项功能。投资人可根据自己的风险偏好、投资习惯在投标栏中设置各种条件，若有符合相应条件的借款出现，将由程序自动完成投标。

（3）固定收益和预期收益。

投资者最为关心的一项投资指标是收益率。P2P借贷收益分为固定收益和预期收益。固定收益就是指投资前融资者许诺投资者固定不变的收益，以后不管投资的项目亏损还是盈利，融资者都会按事先约定的数额给予投资者本金和利息。而预期收益只是融资者在融资时为投资者描述的一个美好蓝图，是一种理论收益，到期可能实现也可能实现不了。

令投资人宽心的是，P2P借贷平台，基本上承诺的都是固定收益，预期收益很少。一般来说，预期收益多出现在银行理财产品上。投资时，一定要看清融资项目是收益率属于哪一类。

(4) 风险备用金。

是指P2P平台在每笔借款交易成功时，从借款人那里提取一定比例的金额放入"风险备用金账户"，如果出现借款项目逾期时，平台会用"风险备用金"向投资人垫付此笔借款的剩余出借本金或本息。

通常情况下，平台最多可垫付的数额以当期风险备用金的总额为限，不足的部分滚动至下一期。很多平台的风险备用金采用独立账户存放，体现了对投资者的负责。

(5) 净值标。

净值标是网贷借款中的一种标，是投资人以个人的净投资作为担保，在一定净值额度内发布的借款标。相对来说，净值标安全系数很高、利率相对较低，用户可以借助此标，放大自己的投资杠杆。

(6) 资金池。

是指资金汇集到一起，形成一个如同蓄水池一样的储存资金的空间。P2P行业的资金池模式是指客户无论采取哪种渠道支付金钱，现金都需要先流入网贷平台公司的账户。这种模式下，平台经常遭到非法吸收公众存款的质疑。

(7) 第三方资金托管。

为了避免P2P平台涉嫌非法集资的弊端，央行提出建立平台资金第三方资金托管机制，就是让与平台合作的第三方托管公司直接调动和管理投资资金的去向和用途，而不经过平台的银行账户，从而避免平台恶意挪用交易资金给投资人带来的风险。

(8) 提前还款。

在P2P网贷借款中，借款人在借款到期日前一次性提前归还本息，利息计算至提前归还当日，这种情况下，借款人要支付违约补偿金。通常情况下，大多数P2P平台不支持部分提前还款。

（9）自融。

P2P自融就是指有实体企业的人在互联网上开一个P2P网贷平台，从网上融到资金后，将资金用于自己企业或者关联企业使用，就是融资者和P2P平台为一体，融资后将投资人的资金拿来自己用了，这样的融资方式，从法律上触及非法集资的红线，而且风险极大，因此一定要远离。

如何鉴别这种情况呢？通常情况下，自融平台为了吸引投资者，大多采取高息、拆标的玩法，周期往往很短，因此如果发现平台承诺的收益要超出其他平台很多，而且周期很短，就要引起警惕了。

（10）清算期。

P2P行业中的清算期指投标之后兑付资金的日期，即提现的日期。通常以“T+0”“T+1”表示。“T”指时间，“T+0”表示兑付时间为当天，“T+1”则表示兑付期限最迟第二天，假如遇到周末，则顺延两天，法定节假日则会提前通知兑付调整日期。

投资P2P：用借款实现20%高收益

P2P理财在几年内获得迅猛发展，取得了辉煌战绩是有理由的，主要原因是它的高收益性。对于广大投资者而言，收益是投资理财的第一追求，那么P2P借贷理财到底能产生多少收益？据了解，P2P借贷理财平均收益维持在12%～20%之间，甚至还有超过20%的年收益率，达到30%～40%的年收益率，足以打动投资者的心。

P2P网贷借款人的收益主要由两部分组成，一部分是P2P网贷利息，另一部分是P2P网贷奖励。P2P网贷利息率一般指的是年收益率，但实际上一般以实际收益率计算，其通行计算公式为：实际收益率=本金×年化收益率×期限/年。假如某平台给出的年化收益率为12%，而借款期限为6个月，那么实际收益率为6/12×12%=6%。

通常，P2P网贷的投资收益有四种计算方式，下面对这四种计算方式逐一进行剖析：

（1）等额本息计算。

等额本息是一种被借贷机构和借款人广泛采用的还款方式。即在还款期内，借款人每月偿还同等数额的借款(包括本金和利息)。每月具体还款额等于贷款本金的总额加上利息总额，即借款人要还的总金额，用这个总金额除以借款期限。通常在每月所还的借款中“本金与利息”的分配比例中，前半段时期所还的利息比例大、本金比例小，还款期限过半后逐步转为本金比例大、利息比例小。

（2）一次性还本还息。

这种方式比较适合周期短且金额小的借款项目。即按照约定的年化收益率计算出利息，再加上贷款本金，一次性支付给投资者。这种计算方式比较直观，计算利息也非常简单。

（3）按月付息，到期还本。

即先计算出投资的全部利息，然后除以投资的期限，再按月平均返还给投资人，等该项目到期的时候，一次性将投资本金返回给投资人。举例说明，投资年化收益率为20%，投资期限为6个月，投入的金额为50000元，按照按月付息，到期还本的方式计算，投资人利息总收益为6/12×20%×50000=5000元，则每月收到的利息收益为5000/6，6个月后将收回本金50000元。

（4）等额本金。

这种计算方式是将贷款额按还款的总月数均分，再加上上期剩余本金的月利息，形成一个月还款额，可以看出等额本金法第一个月的还款额最多，之后逐月减少，越还越少。其所支出的总利息比等额本息法少。

除了网贷利息外，有时候投资人的收益受到P2P平台奖励率的影响也很大，P2P网贷奖励是什么？简单说，就是P2P平台或者借款人给投资者的奖励。P2P平台为了拉拢客户，或者借款人为了快速拿到贷款，往往采取给投资人一定奖励的激励措施。

一般P2P平台会在投资后或满标后，立即将该奖励资金发放到用户的账户中。投资人的这部分收益计算公式为：奖励额=投资额×奖励率。

实际上，投资者到手的收益要比上述的少些，因为需要扣除P2P平台的相关费用，比如管理费、充值手续费、提现手续费、VIP费等。

充值手续费，有些平台收，有些平台不收，收取的话，费用大约为0.5%或者1%。提现手续费分几种情况，如果已经充入资金但还没有投资的，提现的手续费通常按照0.5%～1%提取；第二种已经注入资金，且在15天内提现的，收取0.3%～1%的提现费。另外，提现的金额不同，收取的手续费也不同。

关于管理费，大多数P2P平台都会收取，而且每个平台的收取方式和金额也多不相同，通常利息管理费按照利息的5%～10%收取；债券转入费按照转让金额的0.5%～1%收取，当然也有的平台不收取管理费。

至于VIP费，是P2P平台收取的一种增值服务费，目前只有少数平台才开设这种服务并收取费用。增值服务包括享受本息保障、免提现和充值手续费等。

如果你手里有一笔闲钱，就可以通过P2P平台把它放贷出去以获取高收益，当然，前提条件是你一定要懂得如何去操作以及选择一个好的平台，如果这些条件你都具备了，那么你就可以放心地当一个银行家。

P2P投资一定要懂得风险控制

前面已经说过，P2P之所以能够在短短的几年内成为大众理财新宠，最主要的原因是它的高收益性，不过，收益与风险是相伴相行的，高收益必然伴随着高风险，尽管P2P平台采取了多项风控措施，但是风险是不可能完全可控的，所以，对于投资者来说，在投资时，还是不能掉以轻心，更不能把风险规避完全交给平台，自身一定要提高风险意识，懂得风险控制，最大程度保证投资安全。

（1）真假平台。

由于P2P平台理财的火爆，吸引了大批投资者注资P2P行业，其中不乏一些别有用心带着图谋不轨的目的鱼目混珠，借助P2P平台骗取投资者与融资者的钱财，事情暴露之前或之后携款潜逃，损坏了平台的声誉，给投资者或者融资者造成了损失。因此，在投资前一定要做好调查工作，最大程度保证平台的真实性。

初次接触平台，先不要只顾着看有多高的收益率，要先调查平台“户口”，看平台姓什么，叫什么，居住地在哪里，监管人是谁等信息。可以通过平台的营业执照、企业组织机构代码以及金融担保合作单位来获取这些信息，并尽量通过多种渠道确认这些信息的真实性。如果发现虚假信息或者很值得怀疑的地方，那么就要提高警惕，安全起见，最好打消在此投资的念头，毕竟安全第一。

（2）辩证看待高收益。

P2P平台投资的高收益性是人所共知的，要理性看待这个高收益性。一方面P2P平台投资的高收益是正常的，因为平台实现了借款人和借出人的直接对接，省略了中间多个环节，这样就节省了很多成本。投资人的收益完全来自借款人所支付的高额利息。

另一方面投资人的较高收益应该有一个合理的范围，而不应是不切实际的虚假哄抬。P2P借贷理财平均收益维持在12%～20%之间，虽然有时还有更高的收益率，但毕竟是极为稀少的。虽然低收益不能说没有风险，但是过高的收益肯定暗藏危险，所以，如果收益率过于虚高，比如达到了30%，则一定要提高警惕。

（3）分散投资。

不要把鸡蛋放在一个篮子里是投资的准则，P2P平台投资也一样，为了降低投资风险，不要把所有的资金都投入到一个项目上，而应分散投资。可以在不同的平台，查看不同的标地，选择几个适合的投资。

P2P投资分散方式可分为小额分散、地域分散、行业分散。通常情况下，小额和分散是对抗风险的重要手段，比较适合小投资者，而地域分散和行业分散需要根据自己情况，但不管怎样，也不易投资于一处。若投资集中某一个方面，如果该方面出了问题，则容易引发连锁反应，导致遭受集中风险。

（4）选择标的。

P2P平台有不同的标的，根据标的性质，可分为六种：信用标、流转标、抵押标、担保标、净值标、秒标。

信用标是平台根据借款人的征信情况、资产状况及过往借贷历史，为借款人的资金需求发布的借款标。由于缺少抵押、担保，只靠借款人的信用，因此容易发生诸多问题，所以，投资人要慎重对待。

流转标是借款人拆分债权后转让给投资用户，并承诺到期按价回购的借款标的。流转标没有投资空挡，一旦投标即刻开始计息，不必等待满标。对于这种标的，需要查看合同，如果合同上面签约的是“流转标”，平台实力、规模大的话，可以考虑投资。

担保标是由第三方为借款人提供担保而发布的借款标。如果借款人无法按期还款，第三方有义务代为偿还借款，并承担相应的责任。由于安全系数高，所以大多数投资人喜欢担保标。但是实际上，这类担保标也是有一定风险的，因为负责担保的第三方多为担保公司，如果担保公司出了问题，那么担保标也多半会出问题的，不过，相对来说安全系数还是比较高的，所以还是可以较为放心地投资的。

抵押标是借款人把自己名下的房屋、车辆等实物做抵押，在平台发布的借款标。如果借款人无法及时还款，平台有权处理借款人抵押的财物。抵押标安全性高，比较让投资人放心。

净值标是投资人以自己在平台的投资为担保发布的标的。净值标的安全系数与投资人的实力和品性有关，如果投资人有实力、靠谱，这类标的安全系数就高。

秒标是借款后马上就还款的标的。秒标没有真正的借款人与借款项目，是平台为了吸引用户，提高人气而发布的超短期高收益借款标。如果平台靠谱，这类标的还是值得尝试的。

在投资之前，投资者最好要先对平台以及投资操作有较为深入的了解，再依据现实情况做好自己的投资计划，最后遵循要求规范操作，就能让自己的投资更稳妥、更安全。

P2P网贷平台，谁才是可信的

在P2P网贷投资中，选一个好的P2P平台特别重要，关系到投资的成败得失。目前国内P2P平台多达几千家，其中既有真心打造便民利民的优质平台，也有坑蒙拐骗携款跑路的平台，还有真心想干好，但由于种种困难致使其面临生死边缘的平台，那么，如何在这些良莠不齐、鱼龙混杂的平台中，挑选一家靠谱的、值得信赖的平台呢？

挑选一个可信的平台不是那么容易的，可以说是个技术活，如果能够做到从下列的几大方面进行甄选的话，那么遴选出来的多半是靠谱、可信的。

(1) 知名度高。

这个理由很充分，因为知名平台有一系列好处：安全、专业、稳定。安全都是相对的，一个知名的大平台肯定要比一个名不见经传的小平台拥有更高的安全系数。技术团队的专业能力也要强过小平台的技术团队。再加上成熟的管理经验，其业务的稳定性想必也不是小平台所能比拟的。

虽然国内的P2P借贷业务在短短几年得到了迅猛发展，但是真正做到比较知名、专业性强、收益稳定的并不多，十几家而已，比如拍拍贷、人人贷、宜人贷、你我贷、陆金所、红岭创投等。这些平台在风控能力、流动性、监管措施等方面，要远远超过其他P2P平台，因此业务也是最好的。

(2) 有“背景”。

正所谓大树底下好乘凉，有“背景”的平台，由于背后有大集团、大公司作支撑，所以即使遭遇“风雨”，也有着超强的抵抗力，绝不会出现携款跑路的事情。同时，有“背景”的平台，往往更注重安全性，规范操作，技术实力强，这样更增强了其竞争力。如2014年上线的招财宝，凭借背后阿里巴巴这块金字招牌，一上市就呈现供需两旺的火热局面。还有2011年上市的隶属于平安集团的陆金所，其业务也是非常的火爆。

(3) 资金由第三方托管。

资金安全是投资者最为关心的，一个平台只有保障了资金的安全，才能吸引到更多的投资者。P2P平台也是如此，能够保证投资者资金安全的平台才会有生命力，才会将投资者吸引到旗下。资金第三方托管是解决投资者安全问题的一个很好的途径。

实行资金第三方托管，平台与资金就会完全隔离，不能插手资金管理，只起到媒介的作用，这样就避免出现了平台负责人携款跑路的情况，很大程度上保证了投资者资金的安全。

如何判断某平台资金是否由第三方托管呢？有这样一个办法：在平台投资时，首先需要进行注册，如果只需要注册一个账号，则表明该平台有可能采用的资金池模式，而不是第三方托管模式。由第三方托管的平台，必须要注册两个账号，因为付款时，资金流向的是第三方，与平台无关。这样通过对账号数量的判断，就可以知道一个平台资金是否由第三方托管。

（4）有“先行垫付”制度。

在保障投资者资金方面，平台也是各出奇招。有的平台引入了国外流行的借款人信用评分系统，根据借款人的信用度对借款人进行信用打分；有的平台将借款项目分成不同的标的，而平台本身承担“先行垫付”的职能，一旦借款人逾期没有还款，平台先行垫资给贷款人。这样投资人的资金一定程度上得到了保障。

在选择平台时，要注意查看或咨询平台是否有“先行垫付”的制度，如果没有，最后要放弃投资的打算。

（5）有成熟完善的业务流程。

好的平台都有一套成熟完善的业务流程，包括完备的风险管控程序、严格的信用审核程序、规范的惩戒条例、清晰的费用明细，此外，还要有与之相应的管理和技术团队，这些“软硬件”对于平台的安全、稳定运营起着至关重要的作用，一定程度上能保障投资者资金的安全和投资收益，因此在选择平台时，一定要调查清楚。

正如上面所说，选择一家正规、有实力、规范化的平台是至关重要的，如果能从上述的几方面对平台进行认真调查和筛选，相信定会从众多平台中选出符合要求的理想平台。

国内主流P2P平台谁主沉浮

P2P网贷是互联网金融市场的一匹黑马，它的出现盘活了互联网金融市场，为投资者和融资者带来了福音，成为大众竞相追捧的“网红”。短短几年之内，国内成立了千余家P2P网贷平台，据不完全统计，至2015年国内有此类平台1500多家。

犹如一棵枝繁叶茂的大树，有主干有旁支，P2P平台也有自己的主干，下面就来盘点一下国内主流P2P平台，这对投资者选择适合自己的投资平台有很大的帮助。

（1）拍拍贷。

这是国内成立最早的P2P平台，于2007年8月上线，总部设在上海。

拍拍贷保留了国外的P2P网贷的原始状态，以纯平台模式运作，借款人自主发布借款信息，投资者根据自己的实际情况和对借贷的要求决定是否投资，借贷双方完全在平等自愿的情况下建立交易关系，在此过程中，平台不介入交易中，不给双方作担保，只负责审核、展示以及招标等。

在交易前，借款人和投资人要填写相关信息来注册，投资人需要把资金充值到平台的虚拟账户中。平台对借款人进行信用审核，并给予一定的评级。

通常，在拍拍贷借贷额度不得超过10万元，借款期限为6个月。借款人如果想要借更多的钱，需要在平台多结交朋友，如果有人愿意不计风险借贷更大数额的钱，平台不予强制。而一旦出现坏账等行为，后果由投资者自负。

虽然借贷风险较高，但是作为国内首家P2P平台，拍拍贷还是创下了辉煌业绩，2014年4月获得B轮融资，融资金额为5000万美元；2015年3月完成C轮融资，融资金额为4000万美元。

（2）红岭创投。

红岭创投全称红岭创投电子商务股份有限公司，与2009年3月上线运营，主要为小企业解决融资难的问题，在全国设立了40余个省级分支机构，至2016年9月18日，注册人数超过115万，交易总量超过1789亿元。

平台年化收益率较高，平均为为8%～12%，贷款周期多种，1个月～24个月，实现VIP会员100%本金先行垫付制度，不收取充值费。

（3）人人贷。

人人贷2010年上线，隶属于人人友信集团。成立之初，人人贷运营模式是纯线上模式。平台负责采集个人以及企业的相关信息，然后根据这些信息进行信用等级评分。2012年，人人贷将相关业务搬到线下，组建了自己的营销和风控团队，自此人人贷发展成为线上线下相结合的模式，预期年化收益率最高可达到14%。

线上，借款人可以自由发布借款信息，投资人也可以自由决定是否投资。线下，友信集团向人人贷输出债权，支持线上借贷业务的平稳运行。人人贷借贷业务在这几年得到了迅速发展，就是得益于这种线上线下相结合的模式。

人人贷保证出借人的本金安全。借款人每借贷成功后，平台会收取一定额度的服务费作为风险储备金，一旦借款人逾期没有偿还借贷款，这笔风险储备金被用来垫付给投资者。

（4）陆金所。

陆金所全称上海陆家嘴国际金融资产交易市场股份有限公司，于2011年9月在上海注册成立，隶属于平安集团。依靠强大的后台，陆金所在2014年上半年累计交易规模国内居首，获得了首批优秀P2P平台中唯一一个综合评定最高级别——“3A”级。

针对个人客户的借贷服务，陆金所结合全球金融行业发展与互联网技术创新，在健全完善的风险管控体系基础上，提供专业、可信赖的服务。为个人投资实现财富增值。陆金所保证本金安全，但是投资门槛较高，要五万元起投，而且收益不高，一般为4%～9%，不收取充值费、提现费、VIP费等。

（5）宜人贷。

宜人贷2012年上线，后台为国内线下第一个大P2P公司——宜信公司。借款人在平台发布借款请求，平台对其进行信用评估，通过后，借款人获得贷款人的信用借贷资金。

宜人贷的债券转让功能完善且转让率高，提现基本当天到账。平均年化收益率在12%左右，标的时间一般为一到三年，适合长期投资的投资者。

（6）积木盒子。

积木盒子于2013年8月上线，同年12月交易额就突破1亿元。2014年9月小米顺为领投3719万美元，积木盒子完成B轮融资。2014年11月，积木盒子交易突破30亿元，成为成长最快的P2P平台。

不追求高风险的收益，不急于扩大规模，不做非理性促销；只为理性理财的人提供服务是积木盒子的经营理念。在这个经营理念下，积木盒子十分重视风险控制管理，从用户资金流向、逾期债权收购到海外市场账户保险，公司建立了一套完整的风险控制管理体系，最大程度确保投资者的资金安全。

积木盒子年化收益率为8%～13.5%，收益率中等偏上。积木盒子不收取充值费、利息管理费、VIP费等。

（7）招财宝。

招财宝于2014年上线，后台是阿里巴巴集团。依托淘宝和阿里巴巴强大的信誉和超强实力，招财宝一上市就呈现供需两旺的火热局面。

招财宝主要为中小企业和个人融资者借贷服务，中小企业和个人可以通过招财宝平台发布借款信息，投资人可以根据自身的风险偏好选择向融资人直接出借资金，平台则对融资者进行专业的风险管理并对投资者提供权威的保障措施。

收益方面，招财宝年化收益率处于中间水平，好处是投资者本金安全性高，购买便利，选择余地大。融资者融资速度快，融资额度灵活。

第十三章 众人拾“财”火焰高

——众筹，让不可能变为可能

虽然众筹的投资模式兴起较晚，但是很快形成了“星火燎原”之势，聚沙成塔，集腋成裘，它所表现出来的开放性与便捷性强烈吸引着人们蜂拥加入，真正实现了众人拾“财”火焰高的梦想。

众筹：众人划桨开大船

众筹，通俗的解释就是大众筹资，香港称为“群众集资”，台湾称为“群众募资”，总之就是多人筹资的意思。它的精神核心就是集合大众的力量去实现自己的愿望，也就是借助团队的力量做事。

众筹模式起源于十八世纪的西方，当时的一些文艺创作者因没有足够的资金搞创作，于是便向有钱人求助，希望得到资金支持。作为回报，他们将创作作品的部分权限归于出资者，这就是众筹的雏形。

互联网技术发展成熟后，众筹模式由线下搬到了线上，由此取得了一个跨越式进展。2012年众筹在美国取得了法律层面的支持，大大刺激了众筹在美国本土的发展，后来流行于全球各地，亚洲、南美洲、非洲等地区先后出现了众筹模式的平台。

从本质上看，众筹就是一个筹集资源，让资源得到更好配置和转化的平台和渠道，其中所说的资源最主要的就是资金，当然实际上不止于资金，还可以是其他的资源。它的最大优势在于打破传统融资模式，变单一集资模式为多向集资模式，动员每个人参与进来，人数不限、资金不限、时间不限。

众筹商业模式通常由三部分组成，分别是筹资人、众筹平台、出资者。筹资人就是有资金需求的人，一般是有某种创意的个人或者企业。创意五花八门，可以是一本小说、一部电影、一个店铺，或者只是一个想走就走背包环游世界的梦想。

众筹平台由中介机构搭建，也由中介机构进行监管，以维护筹资人和投资人的权益。众筹平台依靠强大的网络技术，将通过审核的众筹项目在平台上发布，吸引投资者投资。在成功吸引投资后，平台要跟踪项目的动态变化，随时反馈信息，防止筹资人携款潜逃等情况的发生。

投资者就是出钱的人。他们根据平台发布的信息，再根据自己的情况选择自己感兴趣的项目，然后投入想要投入的资金。出资者可以是个人，也可以是风投机构。

对于风投机构而言，众筹平台帮助它们节省了调查项目的宝贵时间。因为众筹平台已经把筹资者的资料信息进行了分类整理，而且以标准格式进行呈现，风投不需要自己去做这些工作。

众筹给筹资人带来了实现梦想的良机，无论你是谁，来自哪里，只要你的想法、你的创意足够吸引人，就可以通过众筹的形式筹集你所需要的创业基金，从而把自己的创意变成现实。

而对出资者来讲，参与众筹，可能会获得极大的利益回报。因为一旦你投资的项目得到了很好的发展，那么你作为该项目的股东与创始人之一，回报必然是丰厚的，通常要比银行存款收益高出许多。当然，如果所投资的项目失败，投资者的收益自然也没了指望，甚至本金都有可能回不来。

实际上，很多投资人参与众筹，看重的往往并不是单纯的利益回报，而是被其所吸引，比如喜欢某个创意，或者被某个项目所吸引，或者筹资人想做的正是你之前想做却没做的事业。这种情况下的投资就不是单纯地出于牟利的目的，更多地掺杂了兴趣和情感。

从这个角度看，投资人与筹资人更像是盟友、合作伙伴，事实上也确实如此，在前期募集期间，来自不同地区、不同行业、具有不同观念的投资人与筹资人“聚”在一起各抒己见，充分讨论，献言献策，使该项目不断被修正，变得更加完善可行，有效降低了项目推向市场后的风险，同时，在这一过程中，双方拉近了距离，关系更为融洽。

另外，除了可能对发起的众筹项目感兴趣或有特殊情感外，投资者之所以愿意参与众筹，还与个人投入的资金量有一定的关系。一般来说，众筹项目所需要筹集的资金并不多，而且参与的人数越多，平均到每个人的资金份额就会越少。再有，众筹项目不严格规定投资人起投金额，而是根据各自情况，决定自己的投资金额。

在当前崇尚团队，崇尚合作精神的社会背景下，堂·吉诃德式的英雄注定落败，当前每个成就突出者的背后必定站着一个强大的团队有“抱团生长”，才可能有更广阔的空间，实现更高层次的价值突破。

众筹模式五大类型，哪一个更适合你

众筹在国内遍地开花，孕育了形形色色的模式，目前众筹可以分为以下五种模式：

(1) 捐赠制众筹。

捐赠类众筹也称公益类众筹，其特点是无偿性，具体操作方式是公益人或机构通过网络平台、社交媒体发起公益筹资项目，出资者对项目进行出资。这种模式带有明显的捐赠和公益性质，出资人自愿出资，事后不能向项目发起人要求任何形式的回报诉求，而项目方也不需要给予出资人任何形式的回报。

红十字会等非政府公益组织是这类众筹的主体，比如红十字会在网络或者纸媒上发起向受灾地区的捐款、捐物就属于此种形式。

还有些捐赠众筹是以售卖某种商品的形式来筹集钱款的，但这种购物与我们平时的网购商品却是不一样的，平时的网购我们关注的是商品值不值得我们出相应的钱，而捐赠众筹中的购物是因为捐赠者被募捐者的“情感”打动，从而自愿出钱出物，比如某商家售卖某商品，是为了救助某些需要的人。

总之，捐赠类众筹具有完全的捐赠和公益性质，出资人基本上不会考虑回报，是集合众人力量帮助需要帮助的人的一种献爱心活动。

（2）奖励制众筹。

奖励类众筹是项目发起人通过网络平台发布某个项目，吸引投资人来投资。项目顺利完成后，发起人要给予出资人一定的回报作为奖励。需要注意的是，回报通常不是金钱，而是产品或者其他实物，也可以是购买某产品的优先、优惠的权利。

项目可能只是一个想法和产品设计，投资者对想法和产品设计进行多方面的考察，并可以提出自己的参考意见，最后决定自己投资还是不投资。

如果筹措的资金没有达到项目发起人需要的金额，平台要全额返还投资人投入的资金。由于项目发起人的项目方案与实际利益的实现往往存在一定的差距，所以投资人需要承担项目失败的风险。

（3）股权制众筹。

股权制众筹就是项目发起人（通常是公司）通过网络平台发布项目，面向社会吸引投资者出钱。投资者出钱后，就成为了公司的股东，可以获得公司相应的股份，利益与公司未来的收益成正比。

从表面上看，股权制众筹与股权融资很相像，但实际上两者有很大的差别，股权融资是指企业的股东愿意让出部分企业所有权，通过企业增资的方式引进新的股东的融资方式。这种形式会让总股本同时增加，所获得的资金，企业无须还本付息，但新股东将与老股东同样分享企业的赢利。可是股权众筹则不是这样，股权众筹中，投资人出资不但可以换取公司的股份，参与企业的利润分配，而且还可以抽回投资的本金。

股权制众筹对投资人不设门槛，因此具有“草根性”。如果你想创业，你就可以在众筹平台上发布相关信息，吸引其他人投资，这样人人都可以成为公司的股东，参与到创业中来，并享受到创业成功的收益。由于风险被平摊到每一位出资人身上，所以有效降低了风险，即使创业失败，损失也不是很大。

（4）债权制众筹。

债权制众筹又叫借贷制众筹，就是投资者对项目进行投资获得一定比例的债权，未来获取利息收入并到期收回资金。这种形式与P2P网贷很相像，两者都是平台作为中介，把需求和供应两方撮合到一起，当需求方借助供应方提供的资金完成项目或取得部分成果后，必须返还供应方本金以及给予其利息。

同时，债权众筹还与债权融资也很相像，债权融资是指企业通过借钱的方式进行融资，对于所获得的融资，企业首先要承担资金的利息，而且在借款到期后要将投资人的本金归还。两者的区别在于债权融资额度往往比较大，不适合大众投资、大众理财。

债权众筹是一柄双刃剑，一方面它门槛比较低，收益较高，适合大众投资。另一方面这种形式容易与“非法集资”混淆在一起，不好监管，所以为了你的资金安全，没有十足的把握，还是远离为妙。

(5) 收益权众筹。

收益权众筹属于新兴的一种众筹模式，是指项目发起人将某一商品、服务的未来销售收入的一定比例作为回报，以吸引众多投资者参与的一种资金筹集方式。其本质是项目发起人向投资者让渡收益权，通过让渡，投资者获得了产品的收益权，所以称之为收益权众筹。

收益权众筹集合了其他几种众筹形式的优点，与捐赠制众筹和奖励制众筹相比，它给予投资者实际收益，更容易激起广大投资者的投资热情来；与股权制众筹和借贷制众筹相比，项目发起人需要承担的责任和压力小。

上述五类众筹形式各有其特点，投资者在选择时，主要根据自己的实际情况和需求选择，如果收益不是你的重点，可以选择捐赠类或者奖励类众筹。如果注重投资收益，选择股权制众筹或者收益权众筹可能会满足需求。

奖励式众筹，要的就是回报

在多种众筹模式中，奖励制众筹是目前最受关注的一种，也是发展最为迅速的，呈现井喷式发展。相关调查数据显示，2014年，京东众筹、众筹网、淘宝奖励式众筹平台中，各项数据均领先于其他平台，其中，在募集资金上，奖励型众筹金额环比增长最高，成功率最高，显示出强劲的发展势头。

奖励式众筹为什么会呈现如此蒸蒸日上的上升状态呢？换一句话说，它得到投资者的追捧的深层次原因是什么呢？在众多原因中，最主要的原因恐怕还是奖励的刺激，是投资回报的刺激！举个实例来说明：

科技公司Power Up在2013年11月在Kicks tarter平台上发起奖励式众筹，预期融资金额为5万美元。众筹项目是在纸飞机上设计安装一套包含螺旋桨、方向舵、远程控制器和电池的装置，可以让纸飞机飞行10分钟，而且还可以通过苹果手机操控纸飞机的飞行路线。

该众筹发起后，在短短的几天内吸引了21412投资者，共募集到1232612美元的资金，是原定计划的20多倍，可谓空前成功。

该项目在发布筹资信息时设定了如下相应的回报：

投资1美元：可以得到纸飞机折纸的教程。这一回报类别得到了393位投资者。

投资5美元：可以得到一个定制版的纸飞机模板，带有设计者的签名。这一回报类别得到了213位投资者。

投资30美元：可以得到一套基本智能遥控装置（螺旋桨）。这一回报类别得到了3741位支持者。

投资40美元：可以得到一整套基本智能遥控装置，包括1个螺旋桨、5张PwerUp-certified模板、1块电池……

投资75美元：可以得到一套完美的智能遥控装置，此外还有……

……

这个项目之所以取得了巨大的成功，除了项目本身能够引起投资者的巨大兴趣外，最主要的原因就是众筹平台运作项目的手段高超，将一个众筹项目变成了一场产品的推广会，使投资者对产品的市场有了信心，进而萌发出对获得回报的渴望，促使其纷纷投资。

国内奖励式众筹发展兴旺，主要在图书出版、影视以及手工艺品等方面突出，因为这些方面属于小众产品，相对容易定制化，更容易调动消费者的购买欲望，更容易被市场接受。总体来看，国内奖励式众筹分为4种情况：

（1）参与式。

这种方式主要体现在农业方面，比如项目发起人在众筹平台上进行绿色、有机农产品种植、销售的宣传，鼓励投资者投资。消费者和投资者可以实地考察，参与到种植以及监督中去。通过这样的邀请参与方式，加大投资者的信心，吸引投资。

（2）支持式。

项目发起人在众筹平台发布自己的想法和创意，吸引投资者资金支持。

（3）预售式。

这种形式的众筹就是在产品或者服务还没有出来之前，项目发起人就将这些产品或者服务售卖给投资人。如果售卖不成功，则说明市场不接受，这个时候可以将原先的设计推倒重来。

（4）众包式。

这种形式就是项目发起人在平台上公布相关信息，征求大众意见，如果支持的人没有达到一定数量，那么再对产品进行重新设计、开发。

从上面的表述中，可以看出无论哪种形式的奖励型众筹都需要事先征得投资人的认可，然后再进行实际的操作。对于投资人而言，只有认可了对方的项目，才会决定投资。如果发现“无利可图”，完全可以不投资。

债权制众筹，远离“非法集资”陷阱

债权制众筹起步比较晚，2011年第一个众筹平台才正式成立。虽然如此，但是发展迅速，2015年3月，《政府工作报告》把“股权众筹融资试点”列为此后金融改革的重要内容，这表明股权式众筹得到了关注和认可。

债权式众筹是企业融资的利器，通过出让一定比例的股份，获得投资者的支持。而投资者通过出资成为了公司的股东，从而分享公司收益。

国内第一个成功的股权众筹的案例是“美微淘宝”案例，通过众筹，项目方最终获得1194个众筹的股东，占到美微传媒股份的25%，整体融资500万。最初，美微通过众筹获得384万的启动资金，后来，又在最初的股东当中募资了一次，这次很快就达成了募集成功。

对投资人而言，债权众筹提供了很多潜在的投资机会，而且投资前景也相对乐观，但是由于监管方面的疏松和不完善，再加上本身的不足，使得这种模式被人所利用，致使其风险重重，比如容易触及“非法集资”红线、存在投资合同欺诈、权利义务模糊等。

其中债券投资极容易与非法集资混淆在一起，对此，多数投资者也分不清两者的区别，先让我们看一下法律对非法集资的定义：非法集资是指单位或者个人未依照法定程序经有关部门批准，以发行股票、债券、彩票、投资基金证券或者其他债权凭证的方式向社会公众筹集资金，并承诺在一定期限内以货币、实物以及其他方式向出资人还本付息或给予回报的行为。

对非法集资的规定，可以得出非法集资有四个明显特征，一是非法性，即违反国家相关法律规定；二是社会性，就是面向社会不特定对象吸收资金；三是公开性，指面向不特定对象公开；四是利诱性，即向欲投资人许诺虚假的高利息、高回报，诱惑受害人。

明确了非法集资的定义和范围后，再与债权众筹作对比，就可以看出两者的区别，首先众筹是需要经过国家相关部门审批的；其次，众筹是只通过网站宣传推荐的；再次，众筹不承诺固定的回报；众筹的信息公开透明，投资人可以随时审查。

为了规范债券众筹的规范运行，也为了引导投资者理清两者的区别，最大程度保护投资者的利益，2013年11月，相关监管部门对非法集资和众筹做了明确的界定，指出“要明确平台的中介性质，明确平台本身不得提供担保，不得归集资金搞资金池，不得非法吸收公众存款，更不能实施集资诈骗。”同时指出，如果出现下列3种行为即可判定其为非法集资行为。

(1) 把募集到的资金用于他处。

有些筹资人包括一些众筹平台以高回报、高收益为诱饵，吸引投资人投资，然后把筹集到的资金用于其他经营，或者携款潜逃。此种模式涉嫌非法集资。

(2) 先募集资金后寻找借款人。

筹资人通过平台将理财产品或者其他设计方案售卖给投资人，吸取投资后，建立资金池，然后再去找借款对象，把募集来的资金放贷出去，以获得收益。这类模式涉嫌非法吸收公众存款。

(3) 将募集到的资金投资理财产品。

筹资人先设法募集到资金，然后将这些资金用于投资理财产品，如股票、债券、黄金、房地产等。此类模式涉嫌非法吸收公众存款，即涉嫌非法集资。

就当前债权众筹的现状而言，债权众筹属于“冒险家”的游戏，虽然它可以让筹资者相对轻松筹集到钱，但是在操作过程中稍有不慎，就会触犯相关法律，从而引发严重后果，所以筹资者一定要理性，遵守游戏规则。

对投资者而言，债权众筹虽然可能会获得很高的回报率，但是重要前提之一是能够选择到一个好的初创企业和一个好的创意，否则意味着你的投资将会“打水漂”，这样的选择实际上是很难做到的，总之，要保持理性，正确看待参与其中的利弊和风险，谨慎投资，才有可能玩好这个游戏，获得收益。

国内主流众筹平台大盘点

国内众筹经济呈现快速发展态势，众筹平台如雨后春笋大量兴起。每个平台都具有自身特点，可以满足某一部分或某一领域的需求，总体上极大地满足了小创业公司发展对资金的需求，缔造出一种新的蒸蒸日上的商业模式。

下面来盘点一下国内主流众筹平台：

(1) 点名时间。

点名时间是国内第一个众筹平台，于2011年7月正式上线，至2014年，一直在国内众筹平台中占据榜首，最初在艺术、漫画、音乐等领域有所建树，后来转型为智能硬件首发平台。

点名时间的运营模式类似于美国的“Kickstarter”，也属于为普通大众服务的低门槛创意平台，因此被业界称为“中国的Kickstarter”。具体运作时，项目发起人把自己的创意以多种形式（文字、图片、视频）在平台上发布，吸引投资者投资。这种形式很适合那些有创新意识、想创业但又缺乏资金的草根阶层。

由于实行的是产品预售众筹，所以也被称为奖励制众筹或者“预付制”。就是项目发起人要给予投资者以一定的回报，但不会直接给予，而是要先推出产品或者服务。

经过一年多的探索，2012年点名时间开始向智能硬件销售平台转型，2013年初开始，正式将重心和方向放在智能硬件领域，同年年底开始不再接受非智能硬件类的项目。2014年点名时间正式宣布转型为智能产品首发模式。

点名时间以敢于第一个吃螃蟹的精神带动了一股创新潮流，只要你能拿得出有创意的智能硬件产品，都可以将之在平台上发布，申请投资者援助。平台保证能够让你的产品赢得聚焦，吸引大众的眼球，为它脱颖而出提供最大的可能。

（2）天使汇。

天使汇是股权制众筹的代表，成立于2011年11月，专注于运营和管理互联网领域的融资项目，是国内首家发布天使投资者众筹规则的平台。

风险把控是股权制众筹需要解决的最大问题，在这一点上，天使汇处理的非常好，它努力打造出一个更透明、更高效的众筹投资环境，让投资者和筹资者更加放心投资和创业。

为了做到这一点，天使汇实行认证制度，无论你是投资者，还是筹资者，想要进入平台了解信息或者发布信息，需要先成为会员，而要想成为会员必须要经过平台的严密审核。通过审核，即可成为会员，也方能进入平台。成为会员后，可以了解到更多更详细的项目信息，这样的规范化运作提高了准入门槛，增大了投资者对项目的可信度，客观上有助于交易能够更加顺畅进行。

成立几年来，天使汇创造了骄人的业绩，“滴滴打车”“大姨吗”“黄太吉传统美食连锁”，就是在天使汇平台上集资打造出来的成功案例。

（3）众筹网。

众筹网是网信集团旗下的众筹模式网站，是国内最具影响力的众筹平台之一，2013年2月正式上线。

众筹网致力于生态众筹的建设，努力打造一个多功能、全方位的生态圈众筹平台，可以为项目发起者提供募资、投资、孵化、运营一站式综合众筹服务，内容包括智能硬件、娱乐演艺、互联网教育、影视图书、新能源等10大频道，4000多个项目。

虽然众筹网的这条生态众筹建设之路还刚刚开始，尚需要更多的有生力量参与，但是可以预见到它的美好未来，相信它会越来越成熟，道路会越来越宽广。

（4）追梦网。

追梦网和点名时间一样，2011年9月正式上线，是最早开始涉足众筹的国内网站，归属于文化创意项目的综合类众筹网站，内容涉及音乐、电影、出版、设计、人文、旅行等领域。

在追梦网，每个项目都规定有目标金额和时间上限，项目必须在发起人预设的时间内达到或者超过目标金额才算达成。如果没有达成预设的目标，那么所有投资资金将退回到投资者的账户，保障投资者的资金安全。

平台要求项目发起人一律实名认证。项目上线前会通过平台的工作人员进行审核、沟通、包装、指导才能上线。若项目如愿达成目标后，平台将监督项目发起人执行项目，以确保投资者的权益。

（5）京东众筹、淘宝众筹。

京东众筹、淘宝众筹是电商众筹的代表。在众筹冲击互联网金融市场时，作为电商界的大佬，京东和淘宝自然不会无动于衷，它们在技术、人才、资金、管理方面综合实力罕有匹敌，进军众筹领域有着巨大优势。

2014年，京东的“凑份子”众筹平台上线，首期上线的项目共有12个，其中7个是智能硬件项目，5个为流行文化项目，均以门槛低、新奇好玩为特征，比如有可随心控制颜色、亮度甚至配有蓝牙开关的创意灯泡、《小时代3：刺金时代》众筹项目等。这吸引了一批喜欢刺激、追求流行文化的年轻群体加入。

京东众筹模式是股权制模式，为降低投资风险，增大吸引力，平台让一些具有丰富投资经营的投资人率先投资，以吸引缺乏投资经营的人跟进，事实证明这种形式取得了一定的成功。

淘宝众筹在京东众筹推出之后，也推出了自己的众筹业务，初期它没有将投资理财作为首要目标，而是侧重于娱乐心态，所以它初期的众筹模式为奖励制众筹模式，后来开始向股权制众筹模式转型，并确立五个发展方向：科技、设计、农业、工艺和娱乐。淘宝众筹积极鼓励创新，希望能够吸引到越来越多的大胆创新者，把平台做大做强起来。

尽管国内众筹经济从无到有，取得了一定的成绩，但总体来说，还处于起步阶段，尚有很多方面需要完善，作为投资者，要认清发展形势，以理性的态度面对，谨慎投资。

众筹投资，如何才能玩得转

众筹投资虽然引进国内的时间不算很长，只有三四年的发展历程，但是却发展迅猛，而且已经涌现出一些诸如天使汇、点名时间、众筹网等知名的众筹平台，也成功打造出一些成功的案例。展望未来，众筹经济有着巨大的发展空间，现在只不过是起步阶段，酝酿发展阶段。对于这样一个新兴的有着美好未来的朝阳经济形态，投资者一定要尽快熟悉起它的操作流程、操作规范以及相关技巧，努力玩转它，让它成为自己投资理财的“利器”。

(1) 优先选择资质高的大型平台。

选好平台至关重要，正所谓良好的开始是成功的一半，平台选择得当有助于后续工作的顺利开展，有助于梦想的最终实现。要优先选择资质高的大型众筹平台。资质高的大型平台运作更规范，成功系数更高，另外，能够提供更多的众筹项目，选择余地大。

(2) 要明确自己“玩”众筹的目的。

众筹模式不同，侧重点也就不同，因此在投资众筹之前，你要明确你众筹的目的是什么，是为了赚钱，还是为了赚人脉，或者纯出于兴趣？如果单纯是为了投资赚钱，想获得高收益，那么可以选择借贷制众筹平台或者收益制众筹平台。这两类众筹平台均是以收益作为对投资者的回报。如果你出于兴趣而决定投资，那就不要把收益看作投资的重中之重。

在明确了自己“玩”众筹的目的后，再有针对性地选择一个适合自己需要的资质高的大型平台，前期工作就算起了个好头。

(3) 注册成为平台的会员。

在选好平台后，接下来需要注册成为该平台的会员。注册很简单，只需按照平台的注册提示一步步操作就可以。注册成功后，会获得该平台的一个注册账号，这样就成为该平台的一名正式会员。

(4) 筛选众筹项目。

现在国内众筹平台大大小小的有几百家，众筹项目更是多到成千上万。要想在众多的众筹项目中选出适合自己需求的项目不那么容易，有一定的难度，这就需要对众筹项目进行分析，筛选出适合自己的众筹项目。

a.看是否经过了严格审批。大型众筹平台往往都设有自己的评审部门，负责对报上来的众筹项目进行初期审查，将那些信息不真实、操作性不强等不符合平台硬性标准的项目剔除出去。在准备投资项目时，可以通过平台的信息或者咨询平台的客服人员，了解平台是否有类似这样的评审部门，这样大致就可以判断项目是否经过了审查。

b.看是否有“领投”。如果你是“玩”众筹的新手，多半会被纷繁的众筹项目弄得眼花缭乱，糊里糊涂是难免的。这种情况下，如果项目有“领投”，新手的盲目性就会减少许多。项目“领投”多半由有着丰富投资经验的人士担任，他们为投资新手释疑解惑，帮助他们明确投资的方向，成为他们投资的引路人。

c.看是否“成熟”。

很多众筹项目是不成熟的，只能说还是一种自得其乐的“美好”的设想，操作性尚不具备，还需要各方的建议加以完善。对于投资新手或者承受能力不强的人来说，最好不要投资这类风险较大的项目。新手要首选比较成熟的项目作为投资对象，这类项目风险相对较小，而且多半通过了审查，操作性强，成功的几率大。

(5) 投资众筹项目。

选好了众筹平台，并注册成为该平台的会员，又筛选出了自己满意的众筹项目，接下来就进入投资阶段。投资的程序，各个平台虽然不同，但大多都大同小异，多分为进入首页、点击进入项目、申请投资、进入认证页面、决定投资、完成支付。在完成支付后，一般投资过程就结束了。有一些项目可能还需要投资者、融资者、平台之间签订一些协议，以作为对某些事项的规范。

在这个环节中，投资者要明确投资该项目对自己有哪些“好处”以及获取回报的途径，最好和“领投”或者项目负责人直接沟通，获取信息，这样有助于对项目的把控。

(6) 投资后的关注。

投资成功后，多数投资者关注的重点是自己的回报何时能得到？自己又该如何进行查看项目进度等等。通常情况下，可以通过上网查询获知，比如可以登录自己在该平台注册的个人账户，在类似“我的众筹”里查看自己所参加的众筹项目有没有反馈给你回报。也可以咨询平台的工作人员，让他们帮你查询。

掌握了上述的流程和方法，即使你是众筹投资的“菜鸟”，也会很快上路，像众多资深的众筹玩家那样，轻轻松松玩转众筹项目。

一本书读懂

投资理财学

个人投资理财全攻略

第十四章 让你的钱更经用

——省钱也是一种理财

不要以为把钱拿出去投资才叫理财，实际上，把钱合理地省出来也是一种理财方式，只不过相对另类而已。省钱不是让你节衣缩食，不是让你该花的钱不花，而是在保证生活质量不变、该办的事正常办的情况下把钱省出来，而这就需要策略和窍门。

Read a book learnig in

INVESTMENT AND FINANCING

信用卡巧利用：会花钱相当于多赚钱

现在使用信用卡的人群越来越庞大，人们也越来越习惯于使用信用卡提前消费。信用卡的使用有一定的讲究，利用得好，既方便又省钱。从理财的角度来看，省钱也是一种重要的理财方式，所以如何巧妙利用信用卡，让花钱变成赚钱，其意义就非同凡响了。下面就来介绍一下如何巧妙使用信用卡，开启省钱模式。

使用信用卡的人都知道信用卡有免息期。信用卡免息期是银行对按期全额还款的信用卡持有人提供的在一定期限内免息的待遇。免息时间通常为银行记账日至还款日，最长可达50多天，最短也有20几天。那么怎样才能拥有最长的免息期呢？这就需要学会计算免息期的方法。先来了解两个概念：账单日、到期还款日。

账单日是指信用卡发卡银行每月定期对持卡人的信用卡账户当期发生的各项交易、费用等进行汇总和结算，并结计利息、计算持卡人当期总欠款金额和最小还款额，并为持卡人邮寄对账单的日期。

到期还款日是指信用卡发卡银行要求持卡人归还应付款项的最后日期。应还款项包括全部应还款项和最低还款项。账单日和到期还款日是固定的，因此，免息期的长短取决于消费日期。进一步可推出，账单日后一天刷卡，免息期最长。账单日前一天刷卡，免息期最短。

以工商银行为例，工商银行一般是在每月的1号出对账单，25号为到期还款日。那么如果在8月29号刷卡就必须在9月25日还款，这样免息期只有30天。而如果在9月1号还款，那么可以在10月25号还款，这样免息期可以达到56天，可谓更划算。

需要注意的是，如果按照对账单中的最低还款额还款，那么剩余未还部分属于正常信用余额，不享受免息待遇。以建设银行为例，如果在到期还款日前未还款或还款额没有达到最低还款额，那么银行除了要收取利息外，还将按最低还款额未还部分的5%收取滞纳金。

在办理了信用卡后，要经常使用为宜，至少一年内要刷满6次，因为刷满6次才会免缴年费。另外，多刷卡、勤刷卡还会提高信用额度，积累消费积分。消费积分达到一定数量时，通常可以用积分兑换一些礼品。为了多获取积分，办卡时可选择积分永久有效的信用卡，多参与银行推出的积分奖励活动。

在提高信用卡额度方面，各家银行的规定不同，各有各的标准，但程序基本相似，通常是要求持卡人准备相关材料，提出调整信用额度申请，然后信用卡中心进行审批。

为了能顺利提高信用额度，持卡人除了要按时还款，保持良好的信用记录外，多做几次信用卡分期，让银行能赚到你的钱，这样有助于推进信用额度审批通过。要注意的是，这个方法需要一定的成本代价，因此要谨慎使用。

信用卡有应急取现的功能，但是不到万不得已的时候不要取现，因为信用卡取现需要缴纳取现费，取现的费用从取现的当天就开始计算。要避免跨行取现，跨行取现的费用更高。

另外，越来越多的商家会对照各类银行推出各种刷卡的优惠活动，虽然优惠的幅度算不上大，但是如果累积起来，优惠还是不小的，所以尽可能多参与这样的刷卡优惠活动。

互联网团购，妙用无穷

说起团购，相信很多人，特别是喜欢网购的年轻人都很熟悉。对消费者而言，团购的突出好处之一就是价格实惠，再浅白一些说，就是能省钱。原先单独购买某商品的话可能要99块钱，而参加团购的话，可能45块钱就搞定了。当然，团购不但让消费者得到了益处，更让商家得到了实实在在的好处，“薄利多销，薄利多赢”是这一模式存在的基础，同时也只有形成让双方都有好处可得的双赢局面，交易才有可能长久地持续下去。

借助高度发达的互联网技术，团购几乎涵盖了所有的消费领域，让消费者在得到了实惠，省下了金钱的同时，拥有了无比美妙的体验，商家也乐在这个过程中赚得盆满钵满，“宾主双方”其乐融融。

如果你想宴请朋友，可以事先计算一下到场的人数，然后在网上购买相应的团购券，满可以节省几十元甚至上百元。如果你想看电影，可以去网上团购一张，不仅价格优惠，还往往有赠品。如果你想带孩子去游乐场去娱乐，你也可以去网上团购门票，既省钱又省事，何乐而不为。

由于利益的驱使，投资团购的商家如过江之鲫，短时间内涌现出的大大小小的团购平台几千家，致使竞争越来越激烈。优胜劣汰是市场永恒不变的法则，一些在资金、人才、运营、信誉等方面缺失的团购商家由于经受不住市场的考验，逐渐被迫关闭，一些优质的商家生存了下来。百度糯米、美团、大众点评、拉手网、窝窝团、聚划算是排名靠前的团购平台，占据了团购市场的半壁江山。

百度糯米汇集美食、电影、酒店、KTV、外卖等一系列本地生活服务的相关产品，努力给用户提供优质、便捷的优惠服务。百度用户可以直接在百度糯米团购，不需要另外注册。

美团网是国内最大的电影O2O平台，最大的移动端酒店预订平台，第二大酒店分销平台，在外卖方面也有着很强的竞争力。

大众点评是国内领先的本地生活信息及交易平台，也是全球最早建立的独立第三方消费点评网站，同时也提供团购服务。大众点评收录商户数量超过一年多万家，覆盖全国将近3000个城市。由于覆盖的地方多，所以即使小城市的人也可以在其上找到适合自己的团购消费体验。

拉手网是全球首家团购+签到相结合的团购网站，通过线上营销整合线下消费的模式，为广大消费者提供优质优惠的消费体验。2010年9月15日，拉手网首创了一日多团的新型团购模式，即在同一天的主页面中向用户推出多款团购活动，反响颇大。先拉手网开通服务城市超过500座，合作商户超过5万家，网络用户和移动用户近5000万。

窝窝团，后改为窝窝，聚集了全国数十万生活服务商家的网上品牌专卖店，给用户提供各种实惠团购，涵盖了美食、电影、休闲娱乐、旅行、酒店、美容保健、婚庆等行业，几乎覆盖了人们的日常生活所需。2015年4月8日，窝窝在纳斯达克全球交易市场上市，由此成为国内唯一一家团购网站上市的公司。窝窝业务覆盖了全国350多个城市，在150多个城市有本地的服务团队，为30多万家商户提供服务。

聚划算是阿里巴巴集团旗下的团购网站，它依托淘宝巨大的消费群体，利用淘宝优质店铺来抓住优质货源，助力团购业务。商品团购类目包括服饰、配饰、美妆、鞋包、运动、母婴、食品、电器、数码、家居等，现在已开通322个城市。

除了上述这六大团购网站外，还有一些有特色的网站也很招徕人气，如聚美优品、京东团购以及携程等。

虽然团购很诱人，但是团购依旧存在一定的风险，因此在团购时要有规避风险的意识，如准备团购是，要看清楚消费的有效期，不要过了有效期再去使用；注意消费优惠的条件。很多商家提供优惠服务是有前提条件的，比如超过200元才能享受优惠，200元之内是不给优惠的，要注意此类隐形消费优惠条件。另外，有些商家的服务价格不透明，说得比较含混，在具体消费时，容易产生纠纷，要引起注意。最好不要参加个性行为组织的团购，这种个体行为的团购货源与售后服务无法保障。

为了团购得更实惠、更安心，在团购的时候，首选团购知名网站；其次要看知名品牌的产品；再次尽量团购了解或者消费过的产品；最后就是要对消费信息多多留意，明确信息。

我们处在一个互联网团购的超级时代，每时每刻都可以享受到团购的益处。在规避了团购风险的基础上，团购会让我们口袋里的钱更“抗用”，从某种角度上看，省钱也是一种理财，所以让团购来得更猛烈些吧！

第三方支付省钱模式，当用则用

第三方支付是互联网技术的直接衍生品，指有实力有信誉的第三方企业作为收款人、付款人的支付中介所提供的网络支付。第三方是交易双方在缺乏信用保障或法律支持的情况下的资金支付“中间平台”。在通过第三方支付平台交易时，买方将交易资金付给第三方平台，而不是直接交给卖货方。第三方平台收到钱后，通知卖方发货。买方收到商品后，通知付款，平台遂将款项打给卖方。如果买方对商品不满意，在无损原件的情况下退回，平台会将交易资金退还给买方。

由上面的论述中，可以看出第三方支付的运作实质是在收付款人之间设立中间过渡账户，使汇转款项实现可控性停顿。第三方支付简化了流程，帮助了商家降低了运营成本，同时，也帮助消费者降低了网上购物的成本和风险，因此具有省事、省时、省钱的显著特征。

以最具代表性的支付宝为例，淘宝用户在交易的时候，买方先把交易的钱打给支付宝平台，平台把交易资金冻结，然后通知卖方发货。买方在收到货物后确定付款，支付宝平台再把资金打给卖方。这样就完成了交易。

购物交易中，由于有第三方平台的担保，所以买卖双方都无须担心，可以放心交易。同购物一样，有第三方支付平台作担保，理财也没有资金遗失的风险，同样，可以放心理财。比如，购买第三方支付平台推出的宝类基金，有平台做理财担保，既放心，又可以获得可观的收益，而且操作十分简单，可谓一举三得。

这其中，第三方支付平台所起的作用是担保功能。这种功能是指第三方支付平台与大型电子商务网站捆绑在一起，并同各大银行建立合作关系，凭借其公司的实力和信誉充当买卖双方的支付和信用中介，在买卖双方之间搭建起安全、便捷的资金支付通道。

以前，信用卡持有人还款需要去发卡银行的柜台或者ATM机还款，费时费力。自从第三方支付平台出现信用卡还款业务后，信用卡持卡人就可以借由第三方平台还款，省时省力，而且还免手续费。比如可以借助便利店的拉卡拉终端机，或支付宝、快钱之类的第三方支付平台还款。

另外，在第三方支付平台出现之前，不管是异地跨行转账，还是本地跨行转账，银行都是要收手续费的，而当第三方支付平台出现后，无论是本地，还是异地，借由第三方支付平台跨行转账都是免费的。实际上，对用户来讲，不但节省了费用，还节省了时间。

同样这个规则也适用于异地同行取款和异地跨行取款，即借由第三方支付平台，异地同行取款和异地跨行取款都是免手续费的，这样就给使用者节省了资金。可能单笔节省的费用不多，但是长此以往，或者这方面的业务多，那么节省下来的费用就很可观，所以不要轻视这等“小费用”。

实际上，借助第三方支付平台还可以支付水费、电费、燃气费、宽带费、物业费、交通违章费等，给用户提供了极大的方便。

目前在国内主流的第三方支付平台有银联商务、支付宝、银联在线、首信易支付、环讯支付、快钱、汇付天下、拉卡拉、财付通、微信支付、易宝支付、通联支付等。

对于这些第三方支付平台的利用，使用者要根据平台各自的特点和自己的实际需求，本着安全第一，方便第二的原则，尽量发挥它们的作用。有理由相信，随着个人理财技能的成熟，以及第三方支付的更广泛渗透，不久的将来，第三方支付将会成为人们日常生活中必不可少的一部分。

记账理财：做一名个人财务的“账客”

记账在投资理财活动中不可或缺，这正如一个旅行家和探险家不可能离开指南针的帮助一样。把理财过程中的每一笔开销、收益以账目的形式记录下来，有助于我们在投资理财中辨明方向、调整策略，达到降本增效的目的。

记账不是简单的罗列，而是要讲究一定的方法，能够让人一看就一目了然。它一般分为三个流程，第一个流程是积攒凭证单据，包括购物小票、发票、借贷收据、刷卡签单、存取款单据等等。积攒这些凭证单据的目的是作为支出的依据，以备在记账时逐步核对。

第二个流程是对收入支出进行分类。比如可以将收入分为工资收入、奖金收入、投资收益等；将支出分为固定费用支出、家庭消费支出、投资性支出、偶然性支出等等。这样做的目的是对收支情况一目了然，便于对其进行分析。

第三个流程是对账单进行合理分析，找出其中不合理的支出部分，然后区别对待。对不合理的消费支出，予以杜绝。对过度的消费，要加以控制，减少支出。对应该支出而没有支出或是过少支出的方面，要加大支出力度。

记账的方法有很多，有借贷记账法、收付记账法、增减记账法、两抽屉记账法、多信封法等。这些记账方法各有其特点，适用于不同的人群。

在记账的过程中，我们要做到记录及时和准确，避免遗漏，并保证长期坚持下去。为了保证记账及时，最好在收支发生后就马上记录下来，而不要往后拖。

保证记账准确，要注意：记账方向不要错误，不要把收入和支出记反；金额不要记错，并且最好精确到元；日期不要错误，特别是在记跨月账时，尤其注意；收支分类不要弄错。每笔记录都要汇总至正确的分类，要不然分类统计汇总就可能不准确。另外，综合收支账目，要进行分拆。

时代和生活方式的快速发展，已经让传统的记账方法跟不上脚步，随着计算机技术的发展和智能手机的普及，电脑和手机记账开始大行其道。科技人员已经开发出很多款电脑和手机记账软件。

先解释一下什么是记账软件，记账软件是指以财务账户为核心，以增值获利为目的，以资金流动为手段，以统计分析为决策的管理软件。常用的记账理财软件可以完成收支记账、预算、理财规划、统计分析、账户管理等，能够帮助投资者更好地管理账务。

随手记是国内记账APP品类的开创者与引领者，也是国内互联网金融最大的个人理财金融入口。2016年2月，随手记用户已经突破2亿，超过后十位同类产品用户总和近一倍。

挖财是国内最早的个人记账理财平台，专注于帮用户实现个人资产管理的便利化、个人记账理财的移动化、个人财务数据管理的云端化。

除了随手记、挖财外，记账软件还有支付宝记账本、有道记账、口袋记账、天天记账、财智快账等等，这些记账软件各有其特点，用户可以根据软件的特点和自身情况选用适合自己的记账软件。

非专业人员使用的通常是非专业记账软件，其所记的账称为“流水账”或“收支账”，主要反映开销、收入、净利润等流水账目情况。这类软件没有严格的记账流程，随意性较强，操作简单。

除了记账软件外，还有记账网站。它们的页面内容大致包括：账目日期、现金数额、存储金额等。每个记账网站都有自己的特点，有的侧重于专业理财，有的侧重于消费预算，还有的侧重于分享账本或是提供短线记账等更多便捷的服务。正因为如此，在选择的时候要根据自己的需求选择。

记账是理财的开始，是实现财务自由的必要环节，通过记账，我们可以很容易地查看我们各项支出和收入，以及占比多少等信息，这样就清楚地了解了自己的财务状况，就可以在此基础上制订自己的消费和理财计划。

后记

一位理财规划师的话：理财是你必须要学会的事

（一）理财就是钱的事。理财不是别的事，就是钱的事，没钱还谈什么理财。钱从何处来？钱从工作中来，只要努力工作就会有收入。有钱了，就要理财。注意不要“工资-支出=理财”，而要“工资-理财=支出”。人的消费欲望是无止境的，多少钱都不够花，所幸的是欲望是可控的。因此不要等消费支出后，再去理财，要学会控制你的消费欲望，先从工资拿出一部分资金做投资理财，剩下的再去做消费支出。

（二）理财是一生的事。理财不是心血来潮，不是浅尝辄止，更不应该三天打鱼两天晒网。要把理财融入到生活中去，就像养老一样，要提前准备，而不是等老了，再去准备。投资理财需要学习，现在不学习，想“理”的时候也不会理，现在不会可以慢慢学，但一定要学。等岁数大了，没心思学了，再去理财，就会冒进，就会保守。冒进可能会让你一无所有，保守会让你坐吃山空。所以，理财是一个长期的过程。

（三）理财要从小做起。理财不是有很多钱以后的事，而是100元的事，有100元就可以理财，就应该开始理。理财是一个积少成多的过程，需要时间的积累才能看到结果，所以不要奢望一夜暴富，但可以保你衣食无忧。

（四）理财不同于投资。理财和投资是有区别的，理财不是投资，理财是让你的钱保值增值，不让你的财富缩水。而投资是让你的钱生出更多的钱，让你成为富翁。理财是基础性的，是生存的需要。而投资是锦上添花的事。也由此，理财风险很小，而投资相对风险较大。

（五）理财要这样做。理财可分几大块，要根据自己的实际情况选取适合自己的方式。银行存款要灵活，要拿定期的利息享受活期的便利。要学会基金定投，多少自定，用时间去积累，时间长了会有一个好的回报。保险也尽可能要买，社保的保障力度是不够的，意外险要有，健康大病险要有，寿险也要有点。另外，如果有条件，投资点股票也是很有必要的，但要量力而行。

通货膨胀是社会常态，如果钱放在那里不动，一定是会贬值的。如果通胀率按3%计算，一百万元在12年后，仅相当于今天的701379.88元，想想是很可怕的。所以，除非你现在选择做个月光族，可以不为通货膨胀所扰，否则投资理财是你势在必行的对抗选择。

你不理财，财不理你，不要在年轻的时候忙忙碌碌，不去想这些事，而到老时才发现自己一无所有，如果真到了那个时候，你已经没有了重来的机会，下场是很可悲的。